中等职业教育改革创新示范教材
职业院校汽车车身修复专业实训教材

Qiche Penqi Changjian Weixiu Xiangmu Shixun Jiaocai

汽车喷漆常见维修项目实训教材

（第 3 版）

中国汽车维修行业协会　组织编写

葛建峰　主　编

时林庆　方作棋　副主编

人民交通出版社股份有限公司

北　京

内 容 提 要

本书为中等职业教育改革创新示范教材,共九个项目,内容包括:安全与防护、底材处理、原子灰的施工、喷枪的清洗与维护、遮蔽、中涂底漆的施工、面漆的施工、板块内过渡喷涂、颜色检索与微调。

本书可作为职业院校汽车类专业的教学用书,也可作为从事相关技术工作的一线人员的参考图书。

图书在版编目(CIP)数据

汽车喷漆常见维修项目实训教材/葛建峰主编. —
3 版. —北京:人民交通出版社股份有限公司,2023.2
ISBN 978-7-114-18503-8

Ⅰ.①汽… Ⅱ.①葛… Ⅲ.①汽车—喷漆 Ⅳ.
①U472.44

中国版本图书馆 CIP 数据核字(2022)第 256224 号

书　　　名:**汽车喷漆常见维修项目实训教材(第 3 版)**
著　作　者:葛建峰
责任编辑:李　良
责任校对:孙国靖　宋佳时
责任印制:张　凯
出版发行:人民交通出版社股份有限公司
地　　　址:(100011)北京市朝阳区安定门外外馆斜街 3 号
网　　　址:http://www.ccpcl.com.cn
销售电话:(010)59757973
总　经　销:人民交通出版社股份有限公司发行部
经　　　销:各地新华书店
印　　　刷:北京市密东印刷有限公司
开　　　本:787×1092　1/16
印　　　张:13.25
字　　　数:226 千
版　　　次:2011 年 9 月　第 1 版
　　　　　　2016 年 12 月　第 2 版
　　　　　　2023 年 2 月　第 3 版
印　　　次:2023 年 2 月　第 3 版　第 1 次印刷　累计第 11 次印刷
书　　　号:ISBN 978-7-114-18503-8
定　　　价:57.00 元

(有印刷、装订质量问题的图书,由本公司负责调换)

序言

  随着汽车工业的飞速发展,特别是电控技术在汽车上的广泛应用,对汽车维修技术的要求越来越高,掌握现代维修技术的技能型人才十分短缺。因此,教育部、原交通部等六部委启动的"实施职业院校制造业和现代服务业技能型紧缺人才培养培训工程"将"汽车运用与维修"列为第一批的四个专业领域之一,但由于传统的实训课程内容和模式已不能完全适应汽车维修企业的实际需要,所以,探索汽车维修实训课程教学内容和教学模式成为汽车维修职业教育改革的重点内容。

  选择哪些作业项目作为实训课的教学内容?采用什么教学方法作为实训课的教学模式?这是汽车维修教学中最重要的问题。

  汽车维修职业教育的培养定位,是为汽车维修企业培养能够实现零距离上岗就业的一线技术工人。因此,实训课最重要的就是解决"教什么"和"怎么教"的问题。本套实训教材正是为深入贯彻落实教育部办公厅、原交通部办公厅、中国汽车维修行业协会和中国汽车工业协会《关于确定职业院校开展汽车运用与维修专业领域技能型紧缺人才培养培训工作的通知》(教职成厅〔2003〕6号)的精神,紧扣"培养培训指导方案"的要求,来探讨实用汽车维修作业项目实训课实车工艺化教学方法,在教学内容上大量采用的是源自汽车维修一线的实用作业项目及汽车维修常用工量具、设备使用知识,教学方法则采用在实车上按照实训课工艺化教学要求来完成的教学模式,使每个作业项目直接针对实际的整车来完成,增加了实景实车教学的现场感,增强了学生对实车修理过程的真实感。

  我希望这种汽车维修职业教学实训课程开发的新思路和新理念能够使汽车维修职业学校的学生更快地融入汽车维修企业的生产实践中,实现零距离上岗就业,为广大的汽车维修企业提供高素质、掌握现代汽车维修技术的技能型人才。

康文仲

前言

　　为了深入贯彻落实教育部办公厅、交通运输部办公厅、中国汽车维修行业协会和中国汽车工业协会《关于确定职业院校开展汽车运用与维修专业领域技能型紧缺人才培养培训工作的通知》的精神，在中国汽车维修行业协会的牵头下，组织了王凯明、朱军等一批业内知名专家，以及德州交通职业中等专业学校和宁波市鄞州职业高级中学的老师，于2009年推出了"职业院校汽车运用与维修专业实训教材"4本，2011年推出了"职业院校汽车车身修复专业实训教材"2本，共6本实训教材。这套教材解决了职业院校实训课"教什么"和"怎么教"的问题，出版以来，反馈良好，已数次重印。

　　近年来，汽车行业飞速发展，职教改革不断深入，对汽车专业的教学提出了新的要求，因此，在中国汽车维修行业协会的牵头下，陆续启动了这6本实训教材的修订工作。本次修订参考了《中等职业学校专业教学标准(试行)》中汽车车身修复专业(专业代码082600)教学标准，增加了一些新内容，剔除了一些旧内容，对章节结构进一步梳理、重新调整，使内容更加贴近教学要求，旨在为新形势下的汽车职业教育提供更好的服务。

　　《汽车喷漆常见维修项目实训教材》是其中一本，本书第一版于2012年11月12日被教育部遴选为首批中等职业教育改革创新示范教材。此次修订进一步规范了汽车修补漆的标准工艺，增加了遮蔽实训内容，从而使教材内容更加完善。

　　本书由宁波市鄞州职业高级中学葛建峰担任主编，由库车中等职业技术学校(阿克苏工业技师学院)时林庆、宁波市鄞州职业高级中学方作棋担任副主编。

　　限于编者的经历和水平，书中难免有不妥或错误之处，敬请广大读者批评指正，提出修改意见和建议，以便再版修订时改正。

职业院校汽车车身修复专业实训教材编写委员会
2022 年 12 月

目 录

项目一　安全与防护

一、项目说明

1.概述

汽车涂装施工操作中的安全生产和个人防护是避免发生火灾、伤亡事故、职业病,保障员工身体健康的一个重要措施。溶剂型涂料都是易燃品,易挥发且有一定的毒性,施工过程中还会产生大量的飞漆和粉尘,若不严格遵守安全操作规程和施工方法,极易发生生产事故。所以,涂装工在每一个操作步骤中都要以安全和健康为前提,始终牢记工作中采取安全防护措施的成本,永远都比丧失或部分丧失劳动能力的损失低得多。

2.非专业操作所引起的潜在健康危害

涂料中的颜料可能含有铅、铬、镉等重金属。其中铅会破坏人体的神经系统、血液系统、肾脏系统及生殖系统,铬会破坏人体的呼吸道、消化道及皮肤溃伤,镉会破坏人体的呼吸道和肾脏系统。

溶剂和稀释剂中含有的甲苯、二甲苯会破坏中枢神经、皮肤及肝脏。

固化剂的主要成分是异氰酸酯,它会刺激皮肤、黏膜,引起呼吸器官障碍。

打磨过程中产生的粉尘及喷涂过程中的飞漆,会根据颗粒大小沉积在支气管或者细支气管中,从而损伤呼吸道、肺。

未在有效的防护下从事涂装作业,会对健康造成永久不可逆的伤害,虽然短期内无法察觉身体的损害,然而在 10 年或 20 年后,就会出现无法挽回的疾病。

3.涂装作业防护用品的介绍

通常在涂装作业中,所产生的有害物质通过呼吸系统、眼睛、皮肤、耳朵等重要通道对身体造成严重的伤害。所以,在工作过程中要使用专业的防护用品对这些部位进行有效的防护。

眼鼻喉

大脑

心脏

肝脏、肾脏和胃

血管

神经

呼吸道末梢神经

肌肉

骨髓

胚胎/卵细胞，精子细胞

皮肤

眼

耳

呼吸系统

皮肤

脚部

1)眼部防护

护目镜，又称防护眼镜，它能防止各种涂料漆飞溅及打磨漆尘对眼睛的伤害。严格地讲不能用普通眼镜代替防护眼镜，相较普通的眼镜，防护眼镜

的镜片更大，能更有效地与脸颊贴合，且包裹性更好，能从多个角度防止涂料溅入、灰尘飞入眼睛，且镜片带有一定的抗冲击性。

2)呼吸系统防护

(1)防尘面具(口罩)。能保护肺免受打磨产生的固体微粒的伤害。根

据防护要求使用 P1、P2、P3 级微尘过滤器。根据佩戴方式的不同，作业中常用的防尘面具有耳带式和头带式两种。

供气式防毒半面罩

（2）防毒面罩。是一种过滤式防护用品，是利用面罩主体与人面部紧密结合，使佩戴者呼吸系统与周围有害气体隔离。在涂漆作业中，可防止溶剂挥发气体和漆尘通过呼吸进入身体，即便是在装备精良的喷漆房、只是短时间接触有害气体及喷涂水性涂料，也要佩戴呼吸防护装置。作业中常见的防毒面罩有两种：一种是活性炭过滤式防毒口罩，另一种是供气式防毒面罩。前者用于短时间接触有害气体的防护口罩；若长时间接触有害气体时，需使用供气式防毒面罩。

3）皮肤防护

（1）防护手套。涂装作业中所使用的防护手套有棉纱手套和抗溶剂手套两种。当在打磨或搬运板件时棉纱手套可保护手部免受划伤、割伤。在喷漆、刮涂原子灰、清洗喷枪时，抗溶剂手套可防止溶剂或异氰酸酯直接接触皮肤而进入到身体的血液当中。为安全起见，凡是作业中与液态涂料接触时，必须戴上抗溶剂手套。常见的抗溶剂手套有厚款和薄款两种，一般短时间接触溶剂时选用薄款，如除油、调漆、喷漆等；长时间接触溶剂时选用厚款，如手工清洗喷枪作业时。

活性炭过滤式防毒口罩　　供气式防毒全面罩

（2）工作服。工作服可防止化学物品、溶剂、粉尘与身体直接接触，也可减少粉尘、头发或布料纤维对漆面的污染，从而提高喷涂质量。因此，在任何作业中都必须穿工作服，注意在喷漆时应穿防静电喷漆服。

踝关节保护
后跟加固
抗静电、耐溶剂鞋底
鞋底防护层
钢性鞋头

5）听力防护

降噪耳塞，在打磨、喷涂作业中会产生较大的噪声，长期处于此环境中会影响人体的听力系统，耳塞能堵住耳道，能有效减少听力损伤。

4）脚部防护

安全鞋是安全类鞋和防护类鞋的统称，相较普通的鞋，其具有防穿刺、鞋头部防砸、防压、鞋底绝缘性好、耐溶剂、耐滑性好等特点。作为涂装技师，一旦进入作业区内，都必须穿着安全鞋。

4. 涂装各作业过程中防护用品的选择

下表中图"🙂"表示需要佩戴，图"🙁"表示不需要佩戴。

防护用品	工 艺						
	清洁待喷工件	刮涂原子灰	研磨原子灰	调配油漆	喷涂油漆	清洁施涂工具	抛光
防溶剂手套	🙂	🙂	🙁	🙂	🙂	🙂	🙁
棉纱手套	🙁	🙁	🙂	🙁	🙁	🙁	🙂
防尘口罩	🙁	🙁	🙂	🙁	🙁	🙁	🙂

续上表

防护用品	工艺						
	清洁待喷工件	刮涂原子灰	研磨原子灰	调配油漆	喷涂油漆	清洁施涂工具	抛光
活性炭口罩	☺	☺	☹	☺	☺	☺	☹
棉质工作服	☺	☺	☺	☺	☹	☺	☹
喷漆连体服	☹	☹	☹	☹	☺	☹	☹
护目镜	☺	☺	☺	☺	☺	☺	☺
防静电安全鞋	☺	☺	☺	☺	☺	☺	☺

5.油漆实训室安全注意事项

（1）实训工作场地和库房严禁烟火，需配备充足、有效的消防安全器材（灭火器、黄沙、消防栓、烟雾传感器、温度传感器），操作者应熟悉灭火器材的位置和使用方法。

（2）要保持工作环境的卫生与通风，必须安设抽风罩和废气处理装置，操作时必须戴防护用品。

（3）在油漆作业场所10m以内，不准进行电焊、切割等明火作业。

（4）带电设备和配电箱周围1m以内，不准喷漆作业。

（5）当涂料或稀料不慎与皮肤接触时，应使用专用清洁液清洗，禁止用汽油和稀料洗手。

（6）调和油漆、腻子、硝基漆、乙烯剂等化学配料和汽油易燃物品，应分开存放，密封保存。

（7）必须设立专用涂料库房，不得与其他物品存放在一起。库房要干燥、隔热，避免阳光直射，通风良好，照明设备应使用防爆灯，开关应安装在库房外面，必须存放在经过认证的金属防爆柜中。

（8）空气压缩机要专人专管，开机时应遵守空气压缩机安全操作规程，并经常检查、加油，不准超压使用。工作完毕，应将储气罐内的水放出，断开电源。

（9）及时清理涂装作业现场产生的粘有易燃溶剂的物料，丢弃于专用的油渍废危垃圾桶内。

6. 涂装作业过程中废弃物的处理

在涂装作业的前处理、喷漆、涂膜干燥过程中,不同程度地会产生废气、废水和废渣,行业内统称"三废",若不正确的处理,不仅会影响作业人员的健康和安全生产,而且对环境也会造成污染,因此,对这些污染源的治理非常的重要。

三废	生 产 源	处 理 方 法
废气	溶剂挥发气体	活性吸附法
废水	洗车废水、水磨废水	集中收集过滤净化
废渣	空涂料罐、调漆杯、纸漏斗、除油布、遮蔽材料、固化的原子灰、干燥的废油漆、漆膜粉尘	废弃物处理中心回收,集中焚烧处理

二、技术标准与要求

(1)防护用品穿戴方法正确;

(2)各种作业下防护用品选择正确;

(3)使用前,应检查防护用品是否完好;

(4)防毒口罩的活性炭过滤器应密封保存。

三、实训时间

实训时间:40min。

四、实训教学目标

(1)了解油漆的危害;

(2)了解各个防护用品的作用;

(3)掌握各种防护用品正确的佩戴与储藏方法;

(4)在各种作业中能正确选择防护用品。

五、实训器材

棉纱手套

抗溶剂手套(薄)

抗溶剂手套(厚)

防尘口罩

防毒口罩　　　**防护眼镜**

工作帽

六、教学组织

1. 教学组织形式

实训教师 1 名,学生 16 名,8 个工位。每个工位 2 名学生实训,一位学生操作、另一位学生观察、记录。

2. 学生站位分工和要求

学生按规定的工位站立,按教师的指令进行独立的操作。

3. 实训教师职责

安排学生工位,讲解操作步骤和注意事项,下达"操作开始"口令,工位巡视(检查、指导和纠正错误)。

4. 学生职责

操作者:按要求认真完成教师布置的任务;做好课后清洁、整理工作。

记录者:仔细观察操作者的操作,并记录操作过程及结果,将不足之处反馈给操作者。

七、操作步骤

操作前准备

参训学生穿好实训服、安全鞋,将实训用品整齐地摆放在操作台上,并以跨立的姿势等待老师下达"操作口令"。

⚠ 提示

上实训课必须课前穿好实训服及安全鞋,做好操作前准备,有利于安全操作和提高工作效率。

步骤一　戴防尘口罩

1 检查防尘口罩头带、颈带。

⚠ 提示

每次使用前需检查头带、颈带弹性是否正常,有无断裂。如损坏不可再用,需更换。

颈带　头带

2 检查防尘口罩金属鼻夹及面罩主体。

⊙ 提示

使用前,检查金属鼻夹是否断裂,口罩表面是否破损。如损坏不可再用,需更换。

金属鼻夹

3 戴防尘口罩过程(1)。

注意:使有金属鼻夹处朝上

⊙ 提示

将防尘口罩有金属鼻夹的一方打开成一定角度。

4 戴防尘口罩过程(2)。

⊙ 提示

面向防尘口罩无金属鼻夹的一面,使金属鼻夹位于口罩上方。

5 戴防尘口罩过程(3)。

⊙ 提示

一只手将口罩抵住下巴,另一只手将下方颈带拉过头顶,置于颈后耳朵下方。

6 戴防尘口罩过程(4)。

! 提示

一只手将口罩抵住下巴,另一只手将头带置于颈后耳朵上方。

7 戴防尘口罩过程(5)。

! 提示

将双手手指置于金属鼻夹中间部位,从中心向两侧按照鼻梁形状向内按压,直至将其完全按压成鼻梁形状为止。

8 检查口罩与脸部的密封性。

! 提示

用双手罩住口罩,避免影响口罩在脸上的位置。大力呼气,如空气从

鼻夹处溢出,重新调整鼻夹;如空气从口罩边缘溢出,应重新调整头带;直至没有空气溢出为止。

9 戴防尘口罩完毕。

! 提示

戴防尘口罩完毕后,以跨立的姿势等待指导老师检查及下达下一步"操作口令"。

步骤二　戴活性炭防毒口罩

1 检查活性炭过滤盒及滤棉。

! 提示

(1)使用前,需检查活性炭过滤盒的使用时间。按产品厂家使用说明得

知,活性炭过滤盒的使用寿命为2周,建议使用15天后换用新的活性炭过滤盒。

(2)滤棉应安装正确,无破损。

滤棉

2 检查面罩主体。

⚠️ 提示

使用前,检查乳胶面罩是否有破损、老化现象,如有需更换。

乳胶面罩

3 检查面罩上的吸气阀、呼气阀。

⚠️ 提示

使用前,检查2个吸气阀、呼气阀是否老化、破损,如老化、破损需更换。

4 检查头带框套、颈带。

⚠️ 提示

使用前,检查头带框套、颈带弹性是否良好,如老化,需更换。

5 戴防毒口罩过程(1)。

⚠️ 提示

将防毒口罩在胸前展开,双手持两根颈带。

6 戴防毒口罩过程(2)。

!提示

用双手将颈带拉向颈后,然后扣住。

7 戴防毒口罩过程(3)。

!提示

一只手将面具盖住口鼻,另一只手持头带框套。

8 戴防毒口罩过程(4)。

!提示

将头带框套拉至头顶。

9 戴防毒口罩过程(5)。

!提示

将防毒口罩沿鼻梁往下调整,不阻挡视线并保持最佳密闭性。

10 戴防毒口罩过程(6)。

!提示

调整面具至与脸部最舒适程度,不要拉得过紧。如过紧,可向外推塑料片将头带放松。

11 戴防毒口罩过程(7)。

● **提示**

调整面具至与脸部最舒适程度，不要拉得过紧。如过紧，可向外推塑料片将头带放松。

12 做密封性测试。

● **提示**

如戴的防毒口罩不能达到适合的密封，请勿进入污染区域。

(1)正压测试，手掌盖住呼气阀并向外慢慢呼气；面具应向外慢慢膨胀，如空气从面部与面具间泄漏，应调整面具位置、头带、颈带的松紧度，以达密封良好。

(2)负压测试，手掌盖住过滤盒表面轻轻吸气。面具应轻轻塌陷，并向

脸部靠拢，如能感觉到空气从面部与面具之间进入，应调整面具位置及头带、颈带的松紧度，以达密封良好。

13 戴防毒口罩完毕。

● **提示**

防毒口罩戴好后，以跨立的姿势等待指导老师检查及下达下一步"操作口令"。

步骤三　戴防护眼镜

1 检查防护眼镜。

● **提示**

检查防护眼镜是否有破损、镜片是否有磨损等，如有需更换。

2 戴防护眼镜。

!提示

打开镜腿,调整镜腿长度至合适,架于耳朵处,不得过松或过紧。

3 防护眼镜佩戴完毕。

!提示

戴防护眼镜完毕后,以跨立的姿势等待指导老师检查及下达下一步"操作口令"。

步骤四 戴棉纱手套

1 检查棉纱手套。

!提示

使用前,检查棉纱手套是否有破损,如损坏需更换。

2 戴棉纱手套。

!提示

为快速戴棉纱手套,戴棉纱手套过程中五个手指尽量分开,也可防止手指套错。

3 戴棉纱手套完毕。

!提示

戴棉纱手套完毕后,以跨立的姿

势等待指导老师检查及下达下一步"操作口令"。

步骤五　戴抗溶剂手套(薄)

1 检查抗溶剂手套(薄)。

⚠️ **提示**

使用前,检查抗溶剂手套是否有破损,如破损需更换。

2 戴抗溶剂手套(薄)。

⚠️ **提示**

戴抗溶剂手套时,大小选择合适,需保持手部干燥,避免留较长的指甲,以方便戴抗溶剂手套。

3 戴抗溶剂手套(薄)完毕。

⚠️ **提示**

抗溶剂手套(薄)戴好后,以跨立的姿势等待指导老师检查及下达下一步"操作口令"。

步骤六　戴抗溶剂手套(厚)

1 检查抗溶剂手套(厚)。

⚠️ **提示**

使用前,检查抗溶剂手套是否有破损,如破损需更换。

2 戴抗溶剂手套(厚)。

提示

将衣服袖口插入手套的袖套内。

3 戴抗溶剂手套完毕(厚)。

提示

抗溶剂手套(厚)戴好后,以跨立的姿势等待指导老师检查及下达下一步"操作口令"。

综合训练一　打磨作业时防护用品的穿戴

1 戴上防尘口罩。

提示

技术标准与要求详见步骤一。

2 戴上防护眼镜。

提示

注意将眼镜框架放在防尘口罩金属鼻夹外,可减少呼吸时眼镜内出现雾气,挡住视线。

技术标准与要求详见步骤三。

3 戴上棉纱手套。

!提示

技术标准要求详见步骤四。

4 戴上工作帽。

5 打磨作业时,防护用品的穿戴完毕。

综合训练二　刮灰、除油、清洗喷枪作业时防护用品的穿戴

1 戴上防毒口罩。

!提示

技术标准与要求详见步骤二。

2 戴上防护眼镜。

!提示

技术标准与要求详见步骤三。

3 戴上抗溶剂手套。

!提示

刮灰、除油可戴薄的抗溶剂手套;清洗刮刀需戴厚的抗溶剂手套。

技术标准与要求详见步骤五和步骤六。

4 戴上工作帽。

5 刮灰、除油、清洗喷枪作业时，防护用品穿戴完毕。

综合训练三　喷涂、调漆作业时防护用品的穿戴

1 穿上防静电连体喷漆服与安全鞋。

2 戴上防毒口罩并调整与脸部是否完全贴合。

⚠ 提示

技术标准与要求详见步骤二。

3 操作者戴上防护眼镜并调整至舒适位置。

⚠ 提示

技术标准与要求详见步骤三。

4 戴上抗溶剂手套(薄)。

🔅 **提示**

为操作时方便,喷漆、调漆时可戴薄的抗溶剂手套。

技术标准与要求详见步骤五。

5 戴上防尘帽。

6 喷漆、调漆作业时,防护用品穿戴完毕。

综合训练四 遮蔽作业时防护用品的穿戴

1 穿好实训服与安全鞋。

2 戴上工作帽。

3 遮蔽作业时的防护用品穿戴完毕。

八、考核标准

安全与防护考核评分表(满分100分)

姓名_____　完成时间_____

考核时间	序号	项　　目	配分	评 分 标 准	得分
20min	1	戴防尘口罩	5	使用前未检查颈带扣1分	
				使用前未检查头带扣1分	
				使用前未检查金属鼻夹扣1分	
				使用前未检查口罩外观扣1分	
				戴的方法不正确扣分1分	
	2	戴防毒口罩	8	使用前未检查活性炭过滤盒使用日期扣1分	
				使用前未检查滤棉扣1分	
				使用前未检查呼气阀扣1分	
				使用前未检查吸气阀扣1分	
				使用前未检查面罩扣1分	
				使用前未检查头带框套扣1分	
				使用前未检查颈带扣1分	
				戴的方法不正确扣1分	
	3	戴防护眼镜	2	使用前未检查镜面外观扣1分	
				戴的方法不正确扣1分	

续上表

考核时间	序号	项　目	配分	评 分 标 准	得分
20min	4	戴棉纱手套	5	使用前未检查外观扣2.5分 戴的方法不正确酌情扣1~2.5分	
	5	戴抗溶剂手套(薄)	5	使用前未检查外观扣2.5分 戴的方法不正确酌情扣1~2.5分	
	6	戴抗溶剂手套(厚)	5	使用前未检查外观扣2.5分 戴的方法不正确酌情扣1~2.5分	
	7	打磨作业时防护用品的穿戴	20	未戴防尘口罩或戴错扣5分 未戴防护眼镜扣5分 未戴棉纱手套或戴错扣5分 未戴工作帽扣5分	
	8	喷涂、调漆作业时防护用品的穿戴	20	未穿连体防静电工作服扣4分 未戴防毒口罩或戴错扣4分 未戴防护眼镜扣4分 未戴抗溶剂手套或戴错扣4分 未戴工作帽扣4分	
	9	刮灰、除油、清洗喷枪作业时防护用品的穿戴	20	未戴防毒口罩或戴错扣5分 未戴防护眼镜扣5分 未戴抗溶剂手套或戴错扣5分 未戴工作帽扣5分	
	10	清洁	5	未清洁工作台酌情扣1~5分	
	11	其他	5	危险操作扣5分	
合计分数			100		

项目二 底材处理

一、项目说明

1. 概述

底材处理又称表面预处理,是汽车涂装工艺的第一步,应根据被涂物的用途、材质、要求及表面状况,采用与之相适应的处理方法,底材处理质量的好坏,将直接影响涂层的质量。经过处理的底材,使其表面无油、无锈、无其他污物,并具有一定的粗糙度,能使涂料牢固地附着在底材上面。故正确规范的底材处理是保证涂层使用寿命及质量的重要环节。

2. 底材处理的步骤

通常底材处理包括清洁、面漆类型评估、损伤评估、损伤涂层去除、羽状边打磨、防锈等几项作业。

1)清洁

当车辆进入维修场地前,需对车辆的内、外进行彻底清洁,便于准确评估漆面类型、确认损伤区及颜色的对比,同时也可避免车辆将尘土带入维修区,确保施工质量。先用高压水枪配合洗车液对整个车身、底盘上附着的污渍、泥土进行冲洗;待车辆进入涂装工位后,再用专用清洁剂(除油剂)对维修区进行清洁,以去除车身上顽固的硅、油、蜡、沥青及塑料件上脱模剂等残留物。

清洁剂类型	污 染 物
除硅、蜡清洁剂	灰尘、鸟粪、沥青、蜡、油脂
金属清洁剂	氧化铝、锈蚀
塑料件清洁剂	脱模剂(塑料件)

常见污染物清洁剂的选择如下图所示。

车辆清洗

专用除油剂

2)面漆类型评估

待车辆彻底清洁后,需对原车车漆的类型进行评估。通常汽车漆面的类型有素色漆和金属漆两种,金属漆又分为纯银粉漆、纯珍珠漆和由银粉、珍珠和纯色漆混合而成的金属漆。素色漆还需判断是单工序素色漆或双工序素色漆;也要确定涂膜是热固性还是热塑性。以便后续正确地选择修补涂料及修补工艺。

素色漆,又名纯色漆、单色漆,是指油漆成分中没有添加金属颗粒,观察没有金属的闪光感,常见的有白色、黑色、红色、黄色等。

金属漆,是指在油漆的成分中添加了金属颗粒,这些颗粒通常是铝片、云母片等。从不同角度观察都有闪闪发光的效果。

检查原漆膜是热塑型漆膜还是热固型漆膜,检查方法是使用干净的白布,沾湿硝基稀释剂擦拭损伤部位的漆膜,如果漆膜掉色或擦拭后出现比较严重的失光,则说明旧漆膜可能采用的是硝基漆或热塑性丙烯酸涂料等溶剂挥发型涂料,或者是采用了氧化聚合型或双组分聚合型,但由于施工不当或施工条件原因聚合反应进行得不够充分,导致还可以溶解。为避免将来喷涂时出现咬底等缺陷,对于以上情况的漆膜可以采用两种处理方法:一是打磨去除至裸金属;二是打磨后喷涂隔离性较强的中涂底漆。

素色漆

金属漆

热塑型漆膜

热固型漆膜

3）损伤评估

损伤评估非常重要,通过合理的方法,明确损伤的位置及损伤的范围,从而制订有效的维修方案。在实际作业中损伤评估的方法主要有:目视评估、触摸评估、直尺测量评估。

（1）目视评估:其方法是在光源下用眼睛侧面观察漆面,利用漆面上的反光即可发现很小的变形。但当损伤区经钣金作业已去除损伤区涂层后,或光源不足的地方就不能采用这种方法,目测评估在实际维修过程中较为常见。

（2）触摸评估。触摸评估可在任何车身表面上进行,适用于损伤小且比较隐蔽的部位的评估。通常,结合目测评估方法一起进行评估检测。评估者可戴上棉纱手套,大范围、多角度

用手去触摸感觉板件的凹凸、起落,从而确定受损范围。评估时,五指并拢,手掌轻触板件,手触摸部位不只限于受损区,应从未损伤区向损伤区再向未损伤区来回移动,这样更容易感觉到不平表面的范围及深度。

（3）直尺测量评估:用直尺检测车身与直尺的间隙。将直尺置于钢板表面,比较未损伤部位和损伤部位与直尺之间的间隙差异。虽然大多数工件表面并非笔直,但是都有光滑的平面,易操作。

在实际作业中,为更准确的评估损伤范围,可采用多种方法相结合的方式对损伤区进行评估。

4)去除损伤涂层

当确定损伤区范围后,就必须将损伤范围内的涂层全部去除,如底材有锈迹也应处理干净。即使有些损伤区涂层表面看起来没有任何开裂、剥落,但为提高涂层修复质量也应完全去除。通常用打磨机配合砂纸去除,速度快、效率高;严重锈蚀可用打磨机配合黑金刚打磨去除,不伤底材。

5)打磨羽状边

在清除损伤区涂层后,在刮涂原子灰之前需产生一个宽的、平滑的边缘,以增加附着力,此时可以将涂层边缘打磨,形成一个缓和的斜坡,这个斜坡就称为羽状边。

羽状边是否合格对原子灰施工非常的重要,合格的羽状边便于原子灰刮涂及打磨。通常羽状边有两个部分组成,分别是羽状边区域和磨毛区域。合格的羽状边,要求打磨后过渡平顺,无台阶(用手触摸底材和涂层,不能明显的感触到有台阶),磨毛区范围合理(便于原子灰的刮涂、打磨)。

6)防锈处理

防锈处理作为底材处理最后一道工序非常的关键。新车在生产线上喷涂时,为防止金属表面腐蚀,提高附着力,需进行防锈处理。在修补时,也不能在裸露的钢板表面直接喷漆,也须进行防锈处理。常用的防锈处理是采用施涂环氧底漆和侵蚀底漆。

环氧底漆不但有较强的抗腐蚀能力,且能提供较高附着力,方便下道原子灰施工或中涂底漆施工,其施工可采用喷涂或刷涂两种方式,一般较小面积时可采用刷涂,如面积较大或者整板喷涂时可采用喷涂(采用1.3口径的面漆喷枪)的方法。适用范围较广,施工只要求一个连续的薄层即可,只需 15～20μm,无需喷涂太厚,以免增加涂料消耗及漆层闪干时间,降低工作效率。

由于其特性原因,侵蚀底漆会造成与原子灰附着力差,不可直接进行原子灰施工,如要原子灰作业,需在喷涂侵蚀底漆的区域喷涂中涂底漆后再进行原子灰作业。故侵蚀底漆通常用于不需要进行原子灰作业部位的防锈处理。

2.打磨设备、工具及材料

1)打磨设备

随着无尘干磨工艺在汽车漆面修复后市场广泛的普及,无尘干磨设备便成为了漆工手中重要的工具之一。

无尘干磨设备品牌众多,但工作原理及结构大致相似,设备通过压缩空气或电源带用打磨工具的旋转对原子灰或漆面进行研磨,同时无尘干磨系统内的吸尘电动机转动,在打磨工具的工作面上产生一个负压,便将研磨产生的粉尘吸入到系统内的集尘袋中,后经过滤棉过滤粉尘,排出干净的空气,防止灰尘对空气、环境的污染。典型的无尘干磨系统由打磨工具、砂纸、供气与吸尘管道、集尘设备、磨垫砂纸和辅助系统(伺服系统)组成。

根据不同形式的集尘方式,可将其分为移动式无尘干磨系统、悬臂式无尘干磨系统和中央集尘干磨系统。

供气吸尘管道　打磨工具　辅助系统　磨垫　砂纸　吸尘设备

(1)移动式无尘干磨系统。

移动方便,比较容易移动到有电源和气源的工位上使用,一般可同时接两把气动或电动打磨工具,或连接一个打磨工具再连接一个手磨板。可同时满足两个工位的使用要求。适用于小型修理厂使用。

(2)悬臂式无尘干磨系统。

电源线和气管都是从空中的悬臂布置,经悬臂下垂到打磨终端,移动到不同工位的位置都较为方便,延伸距离一般可达 6m,但只能在延伸所及范围内使用。也同时可接两把气动或电动打磨工具,或连接一个打磨工具再连接一个手磨板。满足两个工位的使用要求。适合中、大型修理厂使用。

（3）中央集尘无尘干磨系统。

使用中央集尘主机集尘,一般每个中央集尘主机可连接4~6个打磨终端,每个打磨终端能同时连接两把气动或电动打磨工具,或连接一个打磨工具再连接一个手磨板。适用于大规模的维修企业使用。

2）打磨工具

打磨工具的种类很多,通常与无尘干磨系统配合使用。根据驱动方式可分为气动和电动打磨机;根据运动轨迹可分为单作用和双作用打磨机;根据打磨垫形状可分为圆形和方形打磨机。

（1）根据驱动方式分类。

①电动打磨机。由电源驱动,质量较大,在多水的情况下存在一定的安全隐患。相较气动打磨头,机构较复杂,需定期更换炭刷,但使用便捷,只要有电源的情况下即可使用。

②气动打磨机。由压缩空气驱动,通常工作气压为6bar。因使用寿命比电动打磨机长、轻便、维修简单、安全性好而被广泛采用。

（2）根据运动轨迹分类。

①单作用打磨机。打磨垫是做单向定轴圆周运动,打磨垫的中心和边缘存在转速差,容易造成研磨不均匀,且容易留下圆形砂纸痕,使用该打磨机时不能把它平放在打磨面上,而要轻微倾斜。因其切削力强,主要适用于除锈、除漆作业。

单作用打磨机运动轨迹

②双作用打磨机。打磨垫沿旋转轴转动,而旋转轴为偏心轴,故打磨垫存在双重圆周运动。研磨效果较单动作打磨机要好,且避免了单动作打磨机由于转速快、转动方式单一、切削力强所容易形成的单一砂纸痕。

根据偏心距的不同常见的有1.5mm、2mm、2.5mm、3mm、4mm、5mm、6mm、7mm、8mm、9mm、11mm和12mm等,数值越大,偏心距越大,切削力越强,越适合于粗磨。

双作用打磨机运动轨迹

③轨道式打磨机。沿着椭圆轨迹往复运动,各个部位的研磨力和切削力都比较均匀,不易产生打磨不均匀的缺陷,一般用于面积较大平面部位原子灰的整平研磨。

轨道式打磨机运行轨迹

3)打磨材料

砂纸是汽车漆面修复中经常使用的打磨材料,其通过各种不同细密的磨料黏结于纸上,从而制成各种规格的砂纸,用于除锈,研磨旧漆、原子灰及面漆。常见的磨料有氧化铝和碳化硅(金刚砂)和锆铝。

砂纸分为欧式、美式、英式,在砂纸背面有号数规格。美式只有号数,欧式则在号数之前加注一个"P"字,如P240,数值越大,表示砂纸越细;英式则是以数字及分数表示。在汽车漆修补作业中用到的砂纸基本上都用欧式标注。

汽车补漆作业中,常用到的砂纸有水砂纸、背绒搭扣砂纸、三维打磨材料(菜瓜布)、海绵干磨软片、精磨砂棉等。

(1)水砂纸。

水砂纸是传统汽车漆打磨作业时常用到的砂纸之一,其规格大小分别约为 23cm×28cm 和 23cm×14cm。随着干磨工艺逐渐代替水磨工艺,水砂纸在涂装作业中应用越来越少。

(2)背绒搭扣砂纸。

背绒搭扣砂纸是目前汽车补漆干磨作业中最常用到的砂纸之一,使用时可快速粘贴于打磨垫上,可重复使用,装卸方便。

(3)三维打磨材料。

三维打磨材料俗称"菜瓜布",是研磨颗粒附着在三维纤维上形成的打磨材料,这类打磨材料有非常好的柔韧性,适合打磨外形复杂或特殊材料的表面,可用于各种条件下的打磨,干磨水磨均可使用。

(4)海绵干磨软片。

海绵干磨软片用于手工打磨轮廓面和难以触及的不规则部位。海绵背衬作为一个很好的手柄可以提供稳定的打磨压力,这样可以避免边、角及难以打磨的部位过度打磨,通常用于中涂底漆施工前和面漆施工前手工打磨。

(5)精磨砂棉。

精磨砂棉是一种独特的可以灵活地打磨平面和轮廓的多功能研磨材料,在打磨曲角和边角时留下平整的砂痕。适用于干磨和水磨,同时可以用于机磨或手工打磨。

二、技术标准与要求

(1)正确选择及穿戴安全防护用品;

(2)规范使用干磨机,要求打磨头与工件接触后再启动;

(3)正确评估损伤范围;

(4)去除损伤涂层选择 P80 干磨砂纸、偏心距 7(6)mm 号双动作打磨头;

（5）打磨羽状边选择 P120 干磨砂纸、配合偏心距 7（6）mm 号双动作打磨头；

（6）羽状边边缘过渡平顺、形状规则、羽状边的宽度约为 3cm、磨毛区宽度控制为 3～5cm；

（7）在裸露底材上薄涂一层环氧底漆，要求完全盖住底材，厚薄均匀；

（8）废弃物正确处理；

（9）安全操作。

工件 3　　　吹尘枪

三、实训时间

实训时间:40min。

四、实训教学目标

（1）了解汽车涂装底材处理的方法及步骤；

（2）掌握清洁除油的方法；

（3）掌握评估损伤范围的方法；

（4）掌握除旧漆的技能；

（5）掌握打磨羽状边的技能；

（6）掌握底材防锈的技能。

防护用品　　　砂纸

除油剂　　　环氧底漆

除油布　　　记号笔

五、实训器材

无尘干磨机　　　空气压缩机　　　垃圾桶

六、教学组织

1.教学组织形式

实训教师1名,学生16名,4个工位。每个工位4名学生实训,一位学生操作,其他学生观察、记录。

2.学生站位分工和要求

学生按规定的工位站立,按教师的指令进行独立的操作。

3.实训教师职责

安排学生工位,讲解操作步骤和注意事项,下达"操作开始"口令,工位巡视(检查、指导和纠正错误)。

4.学生职责

认真完成教师布置的任务;做好课后清洁、整理工作。

七、操作步骤

操作前准备

参训学生穿好工作服、安全鞋,将操作时用到的材料与工具整齐的摆放在操作台上,并以跨立的姿势等待老师下达"操作口令"。

提示

上实训课前必须穿好实训服及安

全鞋,做好操作前准备,有利于安全操作和提高工作效率。

实训内容 底材处理

步骤一 损伤范围评估

1 穿戴防护用品。

提示

技术标准与要求详见项目一。

2 抹尘、吹尘。

提示

先用无纺布擦除工件表面的粉尘,然后再用吹尘枪吹尘,注意勿将吹尘枪头与工件漆面接触,划伤漆面。

3 更换防护用品。

提示

技术标准与要求详见项目一。

4 将除油剂均匀地喷涂在旧涂层上。

提示

将整个工件表面均匀地喷涂一层除油剂,确保湿润。作用是将漆面上顽固污渍溶解。

5 用除油布将工件上的除油剂擦干。

提示

除油时方法有两种。

(1)方法一:用装有除油剂的喷壶在工件上喷涂一层除油剂,待工件上除油剂未干时用除油布将其擦干(注意除油擦拭时的先后顺序,通常先面后边、由上而下,不得来回重复擦拭,以免造成二次污染。一般一块除油布擦拭的面积控制为 $0.2 \sim 0.3 \text{m}^2$)。

(2)方法二:也可以采用两块除油布,一块除油布用除油剂湿润后,在工件上擦拭,面积控制为 $0.2 \sim 0.3 \text{m}^2$,一小块一小块地进行,当工件表面还湿润时,用另一块干净的除油布将其擦干。

6 进行损伤评估。

提示

(1)仔细观察整个工件表面涂层,找到损伤区域,确定损伤范围。

(2)对于带有曲线、弧面的损伤部位需采用触摸和观察相结合的方式对损伤范围进行评估。

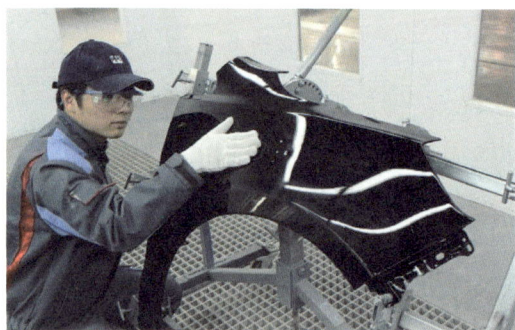

7 标记损伤范围。

提示

通过触摸和观察,用记号笔或砂纸画出损伤区的范围,以方便下步去除旧漆膜。

步骤二　去除损伤区漆膜

1 穿戴防护用品。

提示

技术标准与要求详见项目一。

2 选择打磨头、砂纸。

提示

(1)根据底材的材质——"钢板",故选用 P80 干磨砂纸配合偏心距为 6mm 的打磨头去除损伤区漆膜,效率高。

(2)如底材为塑料、铝材,为避免损伤底材,可选用 P120 干磨砂纸。

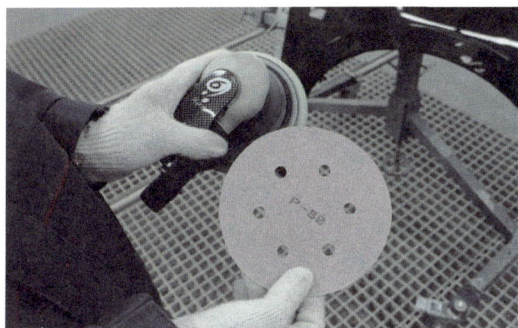

3 将砂纸粘贴在磨头磨垫上。

提示

砂纸的孔与磨头磨垫的吸尘孔对齐,避免影响吸尘效果。

4 起动打磨机,选择吸尘模式。

提示

将干磨机吸尘起动开关指向"AUTO"挡,即自动吸尘挡。

5 打磨去除旧损伤涂层。

提示

(1)打磨前,将打磨机转速调节至合适转速,太快易产生打磨过度,太慢则影响打磨效率。

(2)待打磨垫与工件接触后再启动磨机。

(3)打磨时将磨头与工件接触角度控制在 5°～10°,用砂纸外侧 10mm 左右部位打磨损伤漆膜,如下图所示。

(4)打磨时,不得在磨头上施加压力。

(5)沿着所画的轨迹,将损伤范围内的漆膜全部去除。

6 用打机磨去除损伤漆膜完毕。

> **提示**
>
> 尽可能地用磨头去除损伤涂层。

7 用铲刀去除残留损伤漆膜。

> **提示**
>
> (1)对于磨头无法去除的涂层,可用手工打磨去除的方法,一定要将损伤区的旧漆膜去除干净,以免修补后

产生漆膜缺陷。

(2)如底材有锈蚀,也应去除干净。

8 去除损伤区漆膜完毕。

> **提示**
>
> 要求损伤范围内涂层完全去除。

步骤三　打磨羽状边

1 选择打磨头、砂纸。

提示

选择 P120 干磨砂纸配合偏心距为 6mm 的打磨头。

2 将砂纸粘贴在磨头磨垫上。

提示

砂纸的孔与磨头磨垫的吸尘孔对齐。

3 打磨羽状边过程。

提示

（1）待打磨头与工件接触后，再启动打磨机。

（2）打磨时将打磨头与工件倾斜 5°～10° 的角度打磨，用砂纸外侧 30mm 左右的部位打磨羽状边。

30mm

（3）为使打磨后的羽状边又顺又宽，应采用从外向内的打磨方法，顺着打磨机旋转方向顺时针方向打磨羽状边。

(4)沿着去除旧漆膜后的痕迹移动打磨头,能使打磨后的羽状边形状更加规则。

(5)打磨的过程中,应时刻目视检查研磨痕迹,并手触检查打磨效果。

4 检查打磨效果。

提示

打磨后,应从各个角度用手以触

摸的方式检查羽状边是否平顺过渡、无台阶。

5 除油。

提示

除油前更换防护用品,除油方法详见已学内容。

6 羽状边打磨后的效果。

（1）要求羽状边形状规则，边缘以圆弧形状过渡，不得呈锯齿状。

（2）以原厂涂膜厚度为例，打磨后的宽度应为15～30mm，方为合格。

约15mm

（3）为方便原子灰施工，在羽状边外30～50mm之间的涂层研磨，直至呈亚光状。

约30mm

步骤四　施涂环氧底漆

1 用无纺布沾少许调配后的环氧底漆。

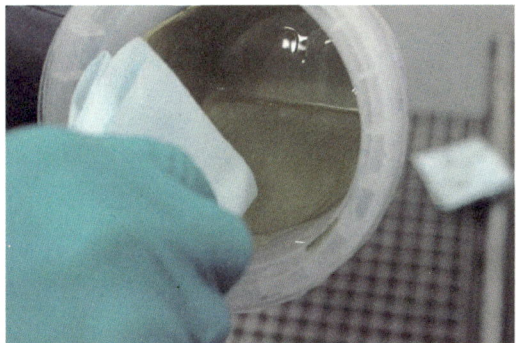

2 施涂环氧底漆。

！提示

（1）在裸钢板处涂一薄层环氧底

漆,以起到防锈、增强附着力的作用。

（2）要求环氧底漆完全覆盖裸露底材。

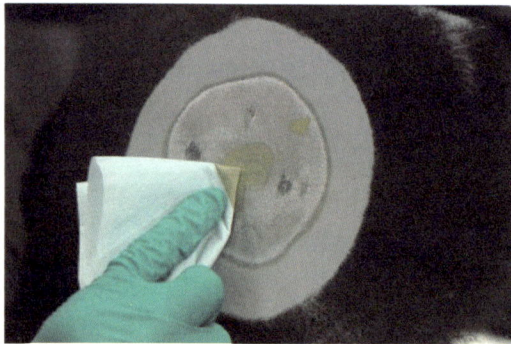

施涂底漆

3 整理工位。

🟢 **提示**

操作结束后,将操作台面清洁干净,以方便下一位同学操作。

八、考核标准

底材处理考核评分表（满分100分）

姓名_____   完成时间_____

考核时间	序号	项　　目	配分	评　分　标　准	得分
20min	1	安全防护	12	未按要求穿工作服(喷漆服)扣2分	
				未按要求穿安全鞋扣2分	
				未按要求戴防毒(尘)口罩扣2分	
				未按要求戴防护眼镜扣2分	
				未按要求戴工作帽扣2分	
				未按要求戴棉纱(抗溶剂)手套扣2分	

续上表

考核时间	序号	项目	配分	评分标准	得分
20min	2	损伤评估	20	评估前未除尘、除油扣5分	
				损伤评估方法不正确扣5分	
				未标记评估范围出扣5分	
				损伤区范围判断有错误扣5分	
	3	去除旧漆膜	20	打磨头选择错误扣5分	
				砂纸型号选择错误扣5分	
				砂纸孔与打磨头吸尘孔未对齐扣5分	
				去除旧漆膜方法不正确扣5分	
				损伤范围内仍有残余涂层,每处扣1分,共5分,扣完为止	
	4	打磨羽状边	30	砂纸型号选择错误扣5分	
				羽状边打磨方法错误扣5分	
				羽状边宽度小于1cm扣5分	
				羽状边不平顺每处扣2分,共10分,扣完为止	
				羽状边形状不规则扣1分	
				羽状边磨毛区大于5cm或小于3cm扣2分	
				打磨结束未进行除尘、除油扣2分	
	5	施涂环氧底漆	10	未施涂环氧底漆扣5分	
				施涂范围过小扣3分	
				施涂太厚扣2分	
	6	清洁	8	打磨完毕后物品未复位、台面未清洁扣1~8分	
		合计分数	100		

项目三 原子灰的施工

1.概述

与原厂涂装工艺（OEM）相比，原子灰施工是汽车修补漆工艺中特有的一道工序。经过钣金修复的车身表面需要形成可以进行涂装的表面，最为有效、经济的方法就是对损伤区进行原子灰刮涂及打磨，使损伤区完全恢复损伤前形状。原子灰的刮涂与打磨是涂装作业中一项重要的工艺环节，原子灰层施工质量的好坏不但会影响车身损伤的修复效果，而且也会直接影响漆膜表面的最终质量。所以，对于汽车修补涂装初学者来说，正确地掌握原子灰刮涂与打磨技能是进入这一行业的基础。

原子灰又称腻子，它是以颜料、填充物、树脂、催干剂调配而成的呈浆状的材料，用过氧化物作为固化剂，可根据实际需要，随时调配使用。原子灰能使受到变形的底材恢复到损伤前的形状，是一种低成本的修补方法，但刮

原子灰不能代替钣金所有的修理工作。一般经过钣金修复的车身要达到一定的要求，如钣金较为平整，表面平面度不超过2mm，底材不应有裂口、焊缝等。否则，过厚的原子灰会降低涂层的性能，裂口和缝隙会吸入潮气而导致锈蚀的产生，最终破坏原子灰和金属的结合，而且汽车在行驶中会产生振动和应变，也会使过厚的原子灰出现裂纹、脱落。所以原子灰的厚度一般不超过5mm。

2.汽车修补用原子灰的特性

（1）与底漆、中涂底漆及面漆有良好的配套性，不发生咬底、起皱、开裂、

脱落等现象,有较强的层间黏合力。

(2)具有良好的刮涂性能,刮涂时无流淌、反转现象,薄涂时原子灰层表面光滑。

(3)打磨性能良好,原子灰层干燥后软硬适中,易打磨,不粘砂,能适应干磨。打磨后原子灰层边缘平整、光滑,且无接口痕迹。

(4)干燥性能良好,能在规定时间内干燥、打磨。

(5)施工后的原子灰层要有一定韧性和硬度,以防汽车行驶中的振动引起原子灰层开裂,以及轻微碰撞引起低凹或划痕。

(6)具有较好的耐溶剂性和耐潮湿性,以免引起涂层起泡。

3.原子灰的种类

根据汽车漆面修补、改色、翻新涂装中常用原子灰的种类,原子灰可以分为聚酯原子灰、钣金原子灰、硝基原子灰、塑性原子灰和其他原子灰。

1)聚酯原子灰

聚酯原子灰为聚酯树脂型的,填充性能好,主要用于裸钢板的表面。也可用于塑料和玻璃钢件,但刮涂不宜过厚,不用于镀锌钢板、不锈钢板、铝板以及经磷化处理的钢板表面刮涂。为提高附着力,使用前在裸板上喷涂环氧底漆进行隔离。

2)钣金原子灰

钣金原子灰性能比聚酯原子灰更佳、附着力强、稳定性好、易干磨、不粘砂纸、边口平滑性好。有一定的防锈作用,可直接刮涂于裸铁上,不需喷涂环氧底漆。

3)硝基原子灰

硝基原子灰又称填眼灰、快干原子灰,分双组分和单组分,常见为单组分。一般用于细小的划痕或砂眼,由于其附着力差,不耐溶剂,容易咬起,所以不大面积使用。常用于原子灰打磨之后或中涂底漆施工之后。

4)塑性原子灰

塑性原子灰用于柔软的塑料件填充,由于其干燥后有较强的塑性,常用于塑料件。但不能刮涂得太厚,否则柔韧性会变差。

4.原子灰刮涂工具

1)刮板

刮板(刮刀)是原子灰刮涂的主要手工工具,刮涂工具按其材料组成的不同,可以分为塑料刮板、橡胶刮板、钢片刮板;按其软硬程度可以分为硬刮板和软刮板。一般钢片刮刀在企业使用较为广泛,但对于采用铝材质为底材的车身,不能使钢片刮刀与铝车身直接接触,以免发生化学反应而腐蚀车身。因此在作业中要视不同的损伤区域、不同的底材选择合适的刮涂工具。

硬刮板通常用于刮涂大的凹坑、较大平面缺陷部位,由于刮刀口有一定的硬度,易刮涂得平整,适用于要求平整的施工工序。

软刮板主要用于刮涂圆弧形、圆柱形和曲面形状部位的刮涂。

使用刮刀时要注意以下几点:

(1)刮刀的刀口要平直,不能有齿形、缺口、弧形、弓形。

(2)对于塑料或橡胶材质的刮刀每次使用后需立即用稀释剂清洗干净,以免原子灰干燥后聚集在刮刀上,不易清洗,影响下次使用。

2)搅拌盘

用于原子灰与固化剂的工具,便于两者快速地混合,通常有纸质、金属材质、木质和塑料材质等。

刮刀的持握以刮刀的形状来决定,因操作人员、板的形状而异不同类型的刮刀有不同的握法,但主要遵循以持握舒适、方便刮涂为原则。舒适的持握刮刀不但能使刮涂得心应手,而且能在长时间刮涂作业中不觉得手酸,从而提高工作效率,降低工作强度。以常用的钢片刮板为例,握法有直握法和横握法两种。

(1)直握法:直握时食指和中指压紧刮刀,拇指和另外三指握住刀柄。

(2)横握法:横握时拇指和另外四指夹住刮刀。

5.原子灰的施工

原子灰的施工主要包括原子灰调配、原子灰刮涂及原子灰打磨三个步骤。其中原子灰刮涂的次数主要取决于底材损伤区的情况、施工质量的要求及操作人员的技术水平,但应遵循多次刮涂、一次打磨的工艺原则,即对损伤区进行多次原子灰薄刮,使原子灰填充紧实,无气孔,直至原子灰已完全填充损伤区,通过一次打磨使原子灰层成型,损伤区恢复原状,从而获得高质量的施工效果。

1）选择合理的原子灰

通常以底材的材质选择原子灰的类型，如塑料件用塑料原子灰，铝、镀锌板用钣金原子灰。

2）混合原子灰基料

新开罐的原子灰或者隔夜再次使用的原子灰，罐中原子灰各成分会发生一定程度的分离，其中密度较大的颜料、填充物沉在底部，而密度较小的树脂、溶剂、添加剂则浮在上面，故在使用前务必用搅拌棒从罐底彻底地进行搅拌，使原子灰基料充分混合。同理，固化剂使用前也需充分地捏匀。双组分原子灰必须与固化剂按一定比例混合后才能固化。原子灰用的固化剂是一种过氧化物，在固化的过程中会发出大量的热量，需特别注意。

固化剂

搅拌棒

溶剂和树脂

颜料

3）取原子灰

根据损伤情况取出适量的原子灰基料放在搅拌盘上，在原子灰的边上挤出相当于原子灰质量 1%～3% 的固化剂。确保原子灰与固化剂比例在规定范围。建议初学者可用电子秤进行计量，熟练后可依据混合后颜色来判断固化剂添加量是否正确。固化剂添加量太多或太少都会引发漆膜缺陷。太多会造成过氧化物"渗色"，残余的固化剂会使面漆层变色；太少会导致原子灰固化和成膜困难，使面漆层失去光泽，且干磨时容易粘砂纸，边口不易打磨平顺。

搅拌前　　搅拌后

4）搅拌原子灰与固化剂

建议在搅拌盘上进行混合，这样既方便又快速，且搅拌后的原子灰更加紧实，刮涂后不易出现气孔。判断是否搅拌均匀的方法是看颜色是否一致，因为原子灰的固化剂一般为红色或黄色，如果搅拌后颜色不一致，就说明还没有搅拌均匀，未搅拌均匀就进行刮涂，会导致固化不匀、附着力差、起泡、剥落等缺陷。

未充分搅拌均匀

常温下（20℃），与固化剂混合后的原子灰在 4 ~ 5min 后开始固化，在温度较高的季节，固化的时间会进一步缩短，所以混合原子灰与固化剂速度尽可能要快一些，让更多的时间用于刮涂作业。在寒冷的季节，混合后的原子灰固化时间变长，造成不易快速干燥，可采用提高温度的方法来促进固化，最常见的是用红外线烤灯来进行加热，但原子灰层表面的温度不可超过 50℃，温度太高会使原子灰在干燥过程时产生应力，容易造成开裂、脱落的现象。

5）原子灰的刮涂

原子灰刮涂是一项复杂的技能，也可以说是一门手艺，刮涂质量的好坏，全凭一双手。操作者利用不同的刮涂工具将调配好的原子灰快速地刮

涂在损伤区域内，使原子灰尽量填补在损伤区凹坑内，未损伤区不要留有过厚的原子灰，而且原子灰层边缘要平顺过渡。要满足以上要求，就要熟练地掌握控制刮刀，掌握刮涂的方法。尝试过刮涂便知，当刮刀与刮涂面角度越大，刮涂后的原子灰层就越薄；反之，原子灰层较厚。同时手指的力度也能控制原子灰层的厚薄。所以在刮刀运行过程中，从起刀直至收刀都伴随着角度、力度不断地变化。正常情况下，用手腕控制刮涂的角度，用手指来控制刮涂时的力度。

原子灰刮涂后，要求完成的原子灰层边口过渡平顺、不能有台阶、刮刀痕尽可能得少，在完全填充损伤区的同时越薄越好。

常见刮涂手法如下。

（1）起边刮涂。

①要求：三个边要薄，中间厚，刮涂时利用力度及角度的变化将原子灰挤向损伤区。

②刮刀类型：小型硬质刮刀、带柄塑料刮刀。

③方法：以刮刀刀口左端为支点，

手指压紧刮刀左边部位;从上往下运行刮刀,并伴随着角度变化(由大到小再到大),稍带点弧度。刮涂后效果如下图所示。

（2）中间刮涂。

①要求:上下薄、中间厚,将原子灰留在损伤区。

②刮刀类型:小型硬质刮刀、带柄塑料刮刀。

③方法:相似与直线刮涂手法,以刮刀整个刀口线为支点,从过渡区外起刀;从上往下运行刮刀,逐渐倾斜刮刀并减小用力,通过损伤区时逐渐立起刮刀增大施力。使刮涂后效果如下图所示。

（3）收边刮涂。

①要求:边薄,将原子灰挤向损伤区。

②刮刀类型:小型硬质刮刀、带柄塑料刮刀。

③方法:以刮刀刀口右端为支点,手指压紧刮刀右边部位;从上往下运行刮刀并伴随着角度变化(由大到小再到大),稍带点弧度。

6)原子灰的干燥

与固化剂充分混合后的原子灰会自然固化,但受气温的影响,原子灰的干燥时间会发生很大的变化,通常混合后的原子灰在常温下活化时间为4~5min,20~30min后便可打磨。为使原子灰加速固化,可用红外线烤灯强制干燥,短波50℃,4min后便可打磨。原子灰在固化的过程中会产生大量的热量,所以原子灰边缘薄的部分往往比中间厚的部分固化得慢,通常我们可以用指甲或砂纸划边缘部位的原子灰层,如划痕为白色,不发软,不发黏,则说明已经完全干燥。

薄的部分热量容易散发，硬化较慢

腻子

厚的部分发热量大，硬化快

7) 原子灰整平

原子灰层彻底干燥冷却后即可打磨，打磨原子灰时只能干磨，不能水磨，因为原子灰的吸水性很强，当水磨残留水分不能很好地挥发时，就会导致漆膜起泡、起痱子、剥落、金属底材锈蚀等现象。打磨原子灰层主要是为了取得平整光滑的成形表面，可采用手工打磨和机械打磨的方式进行。机械打磨适用于修补面积较大以及平整底材的粗磨，可降低劳动强度，提高工作效率。但由于车身某些部位特殊形状及车身上某些位置的局限性，如靠近板件的边缘、饰条以及车身某些凹凸曲面处无法用打磨头打磨，因此需要手工打磨。在实际作业中经常采用手工打磨和机械打磨相结方式进行打磨。

打磨原子灰大致可分为三个步骤：粗磨、中磨(面成型)、精磨(消除砂纸痕迹达到喷中涂要求)。

(1)打磨时砂纸的选择。打磨时干磨砂纸一般依次选择 P80、P120、P180、P240。选择砂纸时跳号不得超过100 号，否则不能去除上层打磨的砂痕。

(2)打磨方法。打磨时应交叉打磨，不能只朝一个方向或者只在个别区域打磨，这样容易造成原子灰层打磨变形及打磨过度。此外打磨时也不能在打磨工具上施加较大的压力。打磨时应从原子灰层内向旧涂层方向(从内侧向外侧)研磨，反之就容易出现打磨过度、边口不顺的现象。

(3)打磨的确认。如果在打磨过程中未及时地判断是否磨平，就非常容易出现打磨过度的现象，就不得不重新刮涂原子灰，所以在打磨过程中应不间断地用手触摸原子灰来判断是否研磨平整。触摸时，用手快速的从未损伤区滑向原子灰层再到未损伤区，以手指手掌上的触感来判断原子灰层的平面度。

（4）粗磨。根据原子灰层厚度及面积选用双动作打磨头、轨道振动式或手刨配合 P80～P120 干磨砂纸，消除原子灰范围内的刮板痕，将平面大致打磨平整。

（5）中磨（面成形）。用手刨等打磨工具配合 P120～P180 干磨砂纸以手工打磨的方式进行研磨，一边消除上层打磨留下的砂痕，一边连同原子灰层周边一起打磨。

（6）精磨。用手刨和打磨头配合 P180～P240 干磨砂纸打磨，消除上层打磨留下的砂痕，将原子灰层接口打磨平顺。

（7）最后用双动作打磨头配合 P320 砂纸从原子灰边缘至喷涂中涂底漆的范围进行打磨，宽度不少于 15cm。

原子灰刮涂过程如下。

薄涂

第一道原子灰

第二道原子灰

原子灰打磨过程如下。

损伤区

P80 干磨砂纸打磨

P120 干磨砂纸打磨

P180 干磨砂纸打磨

P240 干磨砂纸打磨
原子灰打磨过程

二、技术标准与要求

（1）正确选择及穿戴防护用品；

（2）原子灰与固化剂的比例为1%～3%，调和均匀，目测不呈现大理石状；

（3）刮涂手法合理、刮涂范围不超出上层打磨范围；

（4）规范操作打磨工具；

（5）打磨时合理选择干磨砂纸的型号，要求P80/P120/P180/P240，跳号不得超过100号；

（6）原子灰打磨前需抹涂打磨指示剂；

（7）打磨后原子灰层平整、过渡平顺，损伤区恢复损伤前形状；

（8）废弃物正确处理；

（9）安全操作。

三、实训时间

实训时间：40min。

四、实训教学目标

（1）巩固防护用品的穿戴知识；

（2）了解原子灰的组成、种类及作用；

（3）了解刮刀的种类及使用方法；

（4）掌握原子灰搅拌、刮涂的技能；

（5）掌握原子灰整平的技能。

五、实训器材

干磨机

空气压缩机

除油布

胶带

烤灯

吹枪

炭粉

垃圾桶

工件3

刮板

防护用品

原子灰

砂纸

除油剂

六、教学组织

1.教学组织形式

实训教师 1 名,学生 24 名,6 个工位。每个工位 4 名学生实训,一位学生操作,其他学生观察、记录。

2.学生站位分工和要求

学生按规定的工位站立,按教师的指令进行独立的操作。

3.实训教师职责

安排学生工位,讲解操作步骤和注意事项,下达"操作开始"口令,工位巡视(检查、指导和纠正错误)。

4.学生职责

认真完成教师布置的任务；做好课后清洁、整理工作。

七、操作步骤

操作前准备

参训学生穿好工作服、安全鞋，将操作时用到的材料与工具整齐地摆放在操作台上，并以跨立的姿势等待老师下达"操作口令"。

💡 **提示**

上实训课必须课前穿好实训服及安全鞋，做好操作前准备，有利于安全操作和提高工作效率。

实训内容　原子灰施工作业

步骤一　清 洁 除 油

1 穿戴防护用品。

💡 **提示**

技术标准与要求详见项目一。

2 除油。

💡 **提示**

方法、技术要求详见项目二除油作业。

3 刮涂前评估损伤区凹陷深浅程度。

💡 **提示**

（1）原子灰施工前必须先评估损伤区凹陷深度，施工区是否还存在高点,是否还需要钣金作业等。

(2)用手触摸,感觉凹坑大小,以评估原子灰的使用量及刮涂方案。

步骤二　混合原子灰与固化剂

1 打开原子灰罐盖子。

2 搅拌基灰和固化剂。

 提示

(1)用搅拌尺将罐内基灰充分搅拌。

(2)用手指将固化剂捏均匀,注意拧紧固化剂盖子。

3 取原子灰与固化剂。

 提示

将原子灰与固化剂挤压在搅拌盘上,注意比例正确通常为 100∶1 ～ 100∶3。

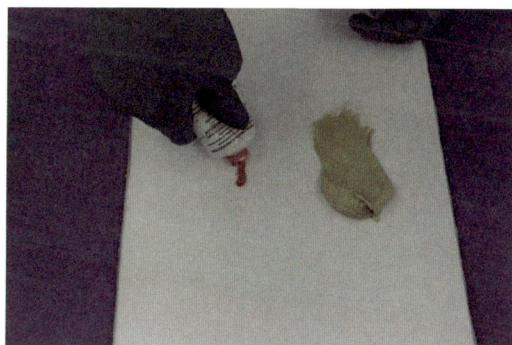

4 搅拌原子灰。

 提示

(1)用铲刀一尖端提起固化剂并混入原子灰基体中,并做圆周运动,将两者混合至 60% 程度。

（2）提起原子灰以铲刀的右端为支点，将原子灰向翻右侧。

（3）将铲刀基本上与调灰板持平，并将它下压。注意一定要将铲刀在调灰盘上刮削，不要让残留原子灰留在铲刀上。

（4）在原子灰延展至调灰板边缘时，以铲刀左端为支点，舀起原子灰向左侧翻转。

（5）将铲刀基本上与调灰盘持平，并将它下压。注意一定要将铲刀在调灰盘上刮削，不要让原子灰留在铲板上。

（6）重复搅拌过程以上步骤，直至完全搅匀。

步骤三 刮涂原子灰

1 刮涂第一道原子灰(一)。

!提示

由于原子灰量较少,可将原子灰全部集中在铲刀上,并用刮板取少许搅拌后的原子灰。

2 刮涂第一道原子灰(二)。

!提示

(1)第一道原子灰可以分几个步骤刮涂,首先要刮涂一个薄层,以填充板件上由钣金作业产生的焊接痕、锤痕等。这一层必须要压实,故刮涂时手指要用力,并且刮板与刮涂面的角度尽量大。

(2)刮涂后得到一个较薄的原子灰层,可透过原子灰看到底材。

3 刮涂第一道原子灰(三)。

!提示

(1)待薄层刮涂完毕后,可紧接着刮涂一填充层,将凹陷部位予以填充。

(2)此时需将足够量的原子灰放置于刮板中间部位,以方便填充。

(3)食指与小拇指张开,分别以刮板

53

左端、右端的表面为基准,沿着工件轮廓线,从上往下刮涂,同时伴随刮涂角度与力度的变化,控制原子灰留在凹陷部位。

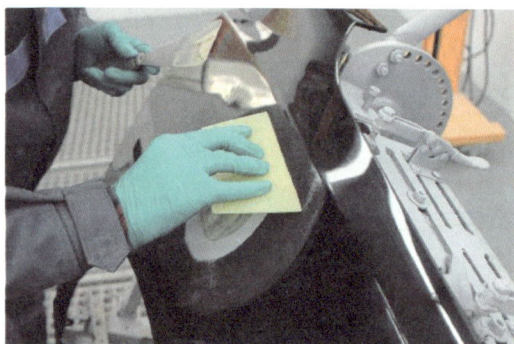

4 第一道原子灰刮涂后的效果。

提示

要求边口薄,过渡平顺。

5 烘烤原子灰。

提示

(1)烘烤时注意温度不要过高,烘烤原子灰温度不得超过50℃。通常以手触烘烤表面不烫手为宜。

(2)如温度过高,可增加烤灯与烘烤物的距离。温度太低,可拉近烤灯与烘烤物的距离。

6 处理废原子灰。

🔺 提示

（1）在原子灰烘烤期间，可处理废原子灰及刮板的清洁。

（2）原子灰在干燥的过程中会产生热量，不得与带有溶剂的废弃物放置一起，需小心处理。

（3）可以将废原子灰直接放入水中冷却，也可用调灰纸包起来，冷却后再处理。

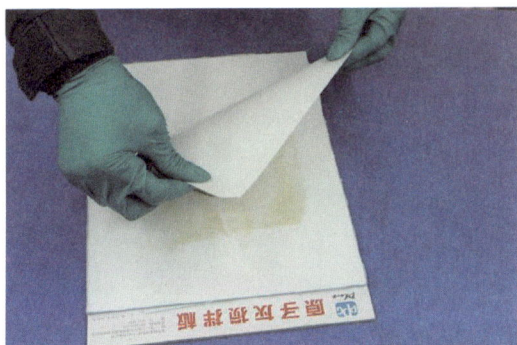

7 清洁刮板、铲刀。

🔺 提示

在刮涂结束后、原子灰未固化前，用稀释剂将刮板上的废原子灰清洗干净，以便下次使用。

8 测试原子灰干燥程度。

🔺 提示

（1）通常用手指触摸原子灰边缘来判断原子灰层是否干燥。如原子灰层边缘已经干燥，则说明整个原子灰层均已干燥。

（2）对于还需要再次刮涂的原子灰层，则不需要完全干燥，只要不影响下道原子灰层刮涂即可。

9 再次调配原子灰。

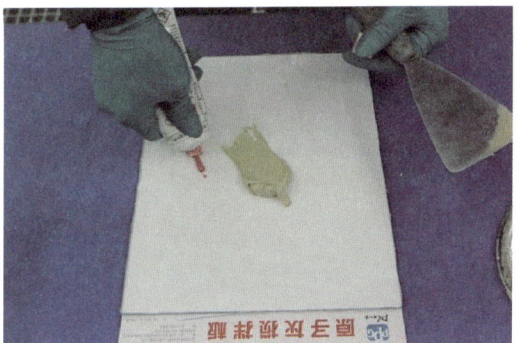

10 刮涂第二道原子灰(一)。

💡 提示

(1)取适量的原子灰。

(2)在原子灰层上再次刮涂一个薄层,以填补第一道原子灰刮涂后留下来的小砂眼。

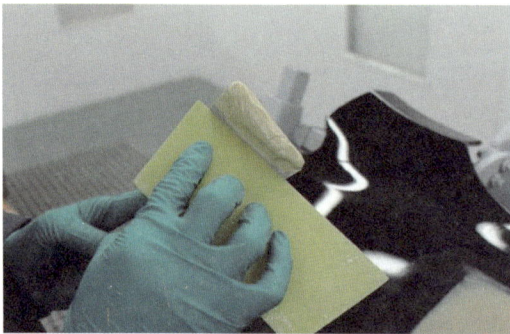

11 刮涂第二道原子灰(二)。

💡 提示

(1)先将原子灰平铺在需刮涂区

域,根据损伤区的范围,分两次平铺。

(2)第一次在磨毛区范围内起板,以刮板左端未损伤的平面为基准,食指用力,从上往下刮涂原子灰,在刮板与手指的作用下使原子灰从左边向右边损伤区运动。

(3)第二次在磨毛区范围内起板,以刮板右端未损伤平面为基准,小拇指用力,从上往下刮涂,同样使原子灰从右边向左边损伤区运动。

12 刮涂第二道原子灰（三）。

收光刮涂。使原子灰表面平整，消除明显的刮板痕迹。

13 第二道原子灰刮涂完毕。

（1）要求刮涂范围在羽状边磨毛区之内。

（2）损伤区域填充，边口薄、方便打磨。

14 再次用红外线烤灯强制原子灰快速干燥。

15 再次处理废原子灰、清洁刮板。

步骤四 原子灰整平

1 再次测试原子灰是否完全固化。

⚠️提示

(1)打磨前原子灰必须充分固化,这样打磨时才不会粘砂纸。

(2)方法:可用砂纸去打磨原子灰的边缘,发现有粉末出现,说明原子灰边缘已经干燥。说明整个原子灰层已完全固化。

2 更换防护用品。

⚠️提示

技术标准与要求详见项目一。

3 在原子灰层上均匀地抹涂打磨指示剂。

⚠️提示

打磨指示剂的作用是帮助操作者可通过在原子灰上施涂打磨指示层来帮助判断表面打磨效果。

4 选择 P80 干磨砂纸配合手刨打磨。

⚠️提示

根据不同的情况选择不同的打磨工具,此次我们根据损伤区形状(内凹)、原子灰的厚度(偏薄),选用70cm×125cm的手刨配合砂纸进行打磨。

5 启动打磨机。

🔔 **提示**

将打磨机吸尘启动开关指向"MAN"挡,即吸尘常开挡。

6 用 P80 干磨砂纸打磨原子灰层。

🔔 **提示**

(1)将磨头平放在原子灰上,做来回移动打磨。

(2)采用"米"字形或"井"字形交叉来回打磨。

(3)注意只能在原子灰范围内打磨,过粗的砂纸不能打磨到旧涂层上。

(4)打磨过程中,可边打磨边用手触摸感觉原子灰的平面度。

7 P80 干磨砂纸打磨后的效果。

🔴 提示

（1）用 P80 干磨砂纸打磨后要求消除原子灰上刮板痕迹、高点，打磨后原子灰层整体平整，无明显的高点，且损伤区基本已经恢复损伤前形状。

（2）观察打磨后原子灰发现，原子灰层中间无炭粉残留、边上有炭粉残留，说明中间相较边上高。

（3）如打磨后发现原子灰层中间部位有炭粉，说明损伤处还未被填满，需再次刮涂原子灰。

8 选择 P120 干磨砂纸。

9 在原子灰上涂抹打磨指示剂。

10 用 P120 砂纸打磨原子灰层。

🔴 提示

（1）打磨方法与用 P80 砂纸打磨相似。打磨范围超上层打磨区域。

（2）用 P120 砂纸打磨去除 P80 砂纸打磨留下的痕迹，使原子灰层表面更加细化，进一步提高原子灰的平面度。

（3）P120 砂纸打磨非常关键，打磨后原子灰必须平整且没有波浪。

11 P120 砂纸打磨后的效果。

提示

（1）打磨后，用手感觉原子灰层的平面度，基本上原子灰已经平整，但边口过渡还不平顺。

（2）观察打磨后的原子灰，发现原子灰上基本无炭粉残留，且原子灰边口上也没有明显的砂痕。有些边口比较薄的地方已经可以透过原子灰层见到底材。

12 选择 P180 干磨砂纸。

13 再次抹涂打磨指示剂。

14 用 P180 砂纸打磨原子灰层。

提示

（1）打磨方法与前面两道打磨方法相似。打磨范围要超过原子灰层区域。以未损伤区为基准，做来回长距离打磨。

（2）P180 砂纸打磨去除 P120 砂纸打磨留下的痕迹，使原子灰层表面更加细化、光滑，使原子灰层边口更加平顺。

15 用 P180 砂纸打磨后的效果。

> ⊙ **提示**

（1）打磨后原子灰层已经平整,边口平顺,但砂纸痕迹还较明显。

（2）通过观察打磨后的原子灰,发现边口处能透过原子灰观察到底材,过渡自然。

16 选择 P240 干磨砂纸。

17 再次涂抹打磨指示剂。

18 用 P240 砂纸打磨原子灰层。

⚠️ 提示

（1）打磨轨迹与前几道砂纸打磨相似，范围超过 P180 砂纸打磨区域。

（2）去除 P180 的砂纸痕迹，使原子灰层表面更加光滑。

（3）原子灰边口更加平顺。

19 用 P240 砂纸打磨后的效果。

⚠️ 提示

原子灰层表面砂痕更加细，边口更平顺。

20 用吹枪吹去原子灰层上的粉尘。

21 检查原子灰层上是否有砂眼。

⚠️ 提示

如原子灰表面的砂眼无法用中涂底漆填充的，需刮涂填眼灰。

22 选择 P320 干磨砂纸配合偏心距为 6mm 的打磨头。

23 打磨原子灰边上 20cm 范围内的旧涂层。

!提示

(1) 为喷涂中涂底漆工序做准备。
(2) 要求表面全部磨毛至亚光状。

24 吹去打磨后留下的粉尘。

25 原子灰整平结束。

步骤五　清洁除油

1 更换防护用品。

!提示

技术标准与要求详见项目一。

2 除油。

提示

方法详见项目二除油作业。

3 整理操作工位。

提示

操作结束后,将操作台面清洁干净,以方便下位同学操作。

八、考核标准

原子灰的施工考核评分表(满分100分)

姓名_____　　完成时间_____

考核时间	序号	项　　目	配分	评分标准	得分
40min	1	安全防护	12	未按要求穿工作服(喷漆服)扣2分	
				未按要求穿安全鞋扣2分	
				未按要求戴防毒(尘)口罩扣2分	
				未按要求戴防护眼镜扣2分	
				未按要求戴工作帽扣2分	
				未按要求戴棉纱(抗溶剂手套)扣2分	

续上表

考核时间	序号	项　　目	配分	评 分 标 准	得分
40min	2	前处理	5	未除油扣 5 分	
	3	原子灰调配	15	原子灰使用前未搅拌扣 2 分	
				固化剂使用前未搅拌扣 2 分	
				取原子灰后未及时将盖子盖上扣 2 分	
				取固化剂后未及时将盖子盖上扣 2 分	
				原子灰与固化剂比例不正确扣 3 分	
				原子灰与固化剂搅拌不均匀扣 4 分	
	4	原子灰刮涂	30	第一道未进行薄刮扣 4 分	
				刮涂方法不正确酌情扣 1~5 分	
				刮涂范围超出羽状边磨毛区扣 3 分	
				刮涂结束后废原子灰大于使用量的 1/2 扣 3 分	
				结束刮涂后未将凹坑填满扣 5 分	
				刮刀痕迹较明显扣 3 分	
				原子灰边口有明显台阶扣 3 分	
				刮涂结束后未及时清洁刮刀扣 2 分	
				原子灰干燥时温度过高(烫手)扣分 2 分	
	5	原子灰打磨	30	每道砂纸打磨前未使用打磨指示剂扣 2 分	
				打磨机操作不正确扣 2 分	
				打磨砂纸选择错误,跳号超过 100 号扣 2 分	
				原子灰平面度根据情况扣 1~20 分	
				有较大的砂眼,中涂底漆填充不了扣 2 分	
				打磨后未清洁扣 2 分	
	6	5S	8	调配完毕后物品未复位、台面未清洁扣 1~8 分	
		合计分数	100		

项目四　喷枪的清洗与维护

一、项目说明

1. 概述

喷枪是汽车涂装修补作业中最重要的工具之一，它是一种将涂料均匀地喷涂在车身表面，从而得到良好的防腐与涂装效果。喷枪的工作原理是利用压缩空气的压力将液体雾化，形成雾状射流，雾化状的涂料在喷涂中分裂成微小而均匀的液滴喷在汽车表面上，形成薄厚均匀具有光泽的薄膜。

2. 喷枪的种类

根据涂料供应方式的不同，可把喷枪分为重力式喷枪（上壶）、虹吸式喷枪（下壶）、压送式喷枪（压力罐）。

压送式（压力罐）

根据涂料的作用不同，喷枪可分为面漆喷枪和底漆喷枪。面漆喷枪与底漆喷枪一般以口径的大小来区分，一般面漆喷枪的口径为 1.2 ~ 1.4mm，其特点是雾化精细、雾化区宽大、喷幅分散，喷涂后颜色均匀、饱满；底漆喷枪的口径为 1.6 ~ 1.9mm，其特点是雾化均匀、中心区宽大、喷幅集中，喷涂后平整、易磨。

重力式（上壶）　　**吸力式**（下壶）

过渡雾化区
雾化区
中心湿润区

面漆喷幅　　　　**底漆喷幅**

随着 VOC 环保法规的要求及对提高油漆传递效率的要求，一些喷枪制造厂家推出了环保型喷枪，如 HVLP 喷枪，HVLP（High Volume Low Pressure）是高流量低气压的缩写，高流量指用较大的空气流量来进行涂料雾化，耗气量为 350～450L/min；低气压指喷涂时喷枪空气帽处的压力为 70kPa，枪尾进气气压为 200kPa，远小于传统喷枪雾化所需的气压。环保型喷枪的优点是喷涂过程中工件表面实际获得的油漆量占油漆消耗量的比例高，即涂料传递效率高，传统的喷枪涂料传递效率为 30%～40%，而环保型喷枪涂料传递效率在 70% 以上。

由于环保性喷枪对压缩空气系统要求较高，供气量较大，很多一般的修理厂无法满足，且环保喷枪由于供气压力低，喷涂过程中喷枪与工件的喷涂距离要比传统喷枪近，故从操作习惯来讲，有些喷涂技师不习惯使用低气压的喷枪。针对这些状况，喷枪制造厂商同时也推出了介于传统喷枪与环保型喷枪之间的低流量中气压喷枪——RP 喷枪。RP 喷枪的涂料传递效率在 65% 以上，而供气量仅为 295L/min，低于环保型喷枪和传统型喷枪，而喷涂气压、走枪速度和传统型喷枪较为接近，目前也得到了广泛的使用。

针对小面积损伤的快速修补，喷枪制造厂家推出了小修补喷枪，小修补喷枪是专门用于小面积修补的小喷枪，其喷枪口径为 0.3～1.1mm，当修补区域油漆损伤在 20～30mm 范围内、凹陷填灰在 25mm 范围内、完工区域在 20cm×30cm 范围内情况下，可使用小修补喷枪进行修补。

不少专业的喷涂技师都有 2～3 把喷枪。通常每把喷枪都有固定的用途，其中一把专门用来喷涂防锈底漆和中涂底漆；另一把用来喷涂底色漆；第三把用来喷涂罩光清漆。

3.喷枪结构、清洗及维护

喷枪主要由风帽、喷嘴、针阀、扳机、气阀、三个调节旋钮和手柄等组成，其中风帽、喷嘴、针阀俗称"喷枪三件套"，也是喷枪最关键的三个部件，如其中一个部件损坏需整套更换。风帽上有三个孔，分别为主雾化孔、辅助雾化孔和扇幅控制孔，在风帽上还标注了喷枪的口径。

主雾化孔

辅助雾化孔　　扇幅控制孔

枪壶安装口　喷幅调节旋钮
涂料通道　　　出漆量调节旋钮
气压调节旋钮
空气通道
风帽
涂料通道
空气通道
枪身

①风帽（黄铜）
②喷嘴（不锈钢）
③枪针（不锈钢）

进口喷枪价格昂贵，每次使用后，需立即用稀释剂（洗枪水）对其进行彻底清洗，许多喷枪的故障多由清洁不当所致，特别是目前广泛所使用双组分涂料进行喷涂作业。从喷枪内部的结构可知，主要清洗的部位为涂料流经的通道，清洗过程中切记勿将整把喷枪长时间浸泡在稀释剂中，这样会使密封圈硬化，并破坏润滑效果。

喷枪的清洗有两种方法，分别是手工清洗和机器清洗，但无论选择哪种方法，正确规范地清洗能延长喷枪的使用寿命。

除了精细的日常清洗外，还应定期给喷枪加注专用润滑油进行维护，应选择较稀且不含硅的润滑油，经常上油可以保持喷枪工作状态良好。由于使用过程中正常的磨损和老化，应按生产厂家的说明定期更换密封圈、弹簧、针阀和喷嘴。

4.喷枪常见缺陷及解决方法

（1）喷幅呈香蕉形弯曲。

原因：风帽上其中一个扇面控制孔堵塞或变形（图中①），造成两边扇面控制孔气压不一致；雾化孔堵塞（图中②），导致空气跑到扇形孔，造成其中一边扇面控制孔气压增大。

解决方法：重新彻底清洁风帽上的扇面控制孔、雾化孔；更换喷枪三件套。

（2）喷幅中的湿润区偏向另一边。

原因：风帽上其中一个扇面控制孔

堵塞或变形(图中①②),导致因气流的不均匀令雾化的油漆倾向一边;喷嘴损坏(图中③),导致雾化孔与喷嘴间的间隙不均匀令雾化的油漆倾向一边。

解决方法:重新彻底清洁风帽上的扇面控制孔;必要时更换喷枪三件套。

(3)油漆积聚在中央,喷幅散不开。

原因:喷涂气压太低,扇面控制孔压力太低,不足以压出扇面(图中①);涂料黏度太高,导致扇面控制孔压力不够将涂料吹压成扇面;喷嘴损坏;喷幅调节旋钮未打开。

解决方法:调整黏度;增大喷涂压力;检查喷涂调节旋钮是否打开。

(4)喷幅中间窄两边大。

原因:涂料黏度太低,导致与喷涂气压不匹配;喷涂气压太高,导致扇面控制孔气压太高使喷幅中央凹陷;雾化孔堵塞,导致相对较多的空气跑到扇面控制孔,造成喷幅中央凹陷。

解决方法:调整涂料黏度或改用口径合适的喷枪;使用气压表,按规范调整气压;彻底清洗风帽上的气孔,必要时更换三件套。

(5)喷幅扭曲或呈"S"形。

原因:扇面控制孔堵塞或变形,导致喷幅倾斜。

解决方法:彻底清洁风帽,必要时更换三件套。

（6）喷幅跳动及不连续。

原因：喷嘴未拧紧，导致喷嘴与空气分流环未完全密封，空气跑到涂料通道；空气分流环损坏（图中①），影响喷嘴的密封；枪壶的通气孔堵塞。

解决方法：拧紧喷嘴；更换空气分流环；清洁枪壶通气孔。

喷幅不连续，跳动

油漆通路

空气分流环

喷嘴

空气通路

①

（7）在上壶式喷枪出现气泡。

原因：喷嘴松动或未拧紧，导致空气进入涂料通道，造成喷漆时喷壶出现气泡；喷嘴背面堵塞，导致油漆残渣使喷嘴与空气分流环不能完全密封；空气分流环表面损伤（图中①②）；枪壶通气孔堵塞。

解决方法：使用专用工具拧紧喷嘴；彻底清洗喷嘴；更换空气分流环；彻底清洁枪壶通气孔，必要时更换枪壶。

油漆通道

①

②

（8）喷枪空气阀门漏气。

原因：喷枪清洁不当，空气阀门密封圈（图中①）被固化的油漆残渣损坏，导致漏气；喷枪挂放时碰到空气阀门顶杆，造成空气阀门顶杆变形，导致漏气。

解决方法：彻底检查及清洗密封圈（清洗喷枪时不要将喷漆浸泡在稀释剂内）；更换空气阀门顶杆（合理摆放喷枪，轻拿轻放，勿摔）。

5. 喷枪的使用

喷枪的扳机扣动有两个挡位。扣动扳机至一挡时,空气阀门打开,压缩空气经空气通道到达风帽上的各个气孔并高速喷出;再次扣动扳机至第二挡时,枪针向后移动,打开喷嘴,涂料在压缩空气的作用下沿涂料通道由喷嘴喷出。

挡位1:
只喷出空气

挡位2:
喷出涂料

1)喷枪的调节

(1)出漆量调节。顺时针旋紧旋钮减少涂料流量,逆时针旋松旋钮增大涂料流量。以整板喷涂为例,建议调整出漆量至最大状态。

调整方法:逆时针将出漆量调节

旋钮拧至末端,注意不要卸下。然后扣紧扳机,切勿松开,顺时针旋转调节旋钮至拧不动为止并锁止,此时为出漆量最大。

拧紧　松开

出漆量调节

(2)扇面调节。顺时针旋松旋钮扇面变小,逆时针旋紧旋钮扇面变大。以整板喷涂为例,建议调整至最大状态。

调整方法:逆时针旋转旋钮至拧不动为止。

拧紧　松开

扇面调节

(3)气压调节。旋转气压调节旋钮进行调整,为了能够准确调整气压大小,应使用气压表(常见有数字显示和指针显示两种气压表)。如加装的气压表,原则上要让气压调节旋钮全开,通过调整气压表上的旋钮调节气压。

拧紧　　松开

气压调节

数显式气压表

指针式气压表

在实际的作业中,建议先调整出漆量和喷涂扇面,最后调整气压,再做喷幅测试进行检测,以查看验证喷枪是否调整至最佳喷涂状态。良好的喷幅应形状规则、中心湿润区较大,雾化、过度雾化区范围较小且涂料分布均匀。

2)喷涂四要素

(1)喷涂距离,即喷嘴与被涂物的距离。喷涂地距离因涂料类型、喷涂设备、涂料黏度、喷涂气压不同都有所差异,但通常在 100 ~ 250mm 之间进行调整。如果喷涂距离太近,则可能产生流挂;如果喷涂距离太远,则可能导致干喷、过喷,使涂料的流平性变差。

(2)喷涂角度,即喷幅扇面与被涂面的角度。喷枪对准被涂物表面必须是垂直,不允许倾斜。如喷枪出现倾斜,喷涂在工件表面的涂料就会产生膜厚不均匀漆膜,可能导致金属漆或珠光漆产生色差。

（3）喷涂速度，即喷枪运行的速度。喷涂时，喷枪移动的速度对涂装效果有很大的影响。如移动得太快，被涂物表面形成干喷，流平性差，颗粒粗；如移动得太慢，被涂物表面形成过湿喷涂，涂膜太厚，而且易产生流挂。

（4）喷幅重叠，即喷幅扇面的重叠。喷涂时要求喷幅重叠 1/2 或 3/4。以重叠 1/2 为例，即从上往下喷涂一遍即被喷涂物表面喷涂了 2 次。

二、技术标准与要求

（1）防护用品的穿戴正确；

（2）拆卸、安装喷枪方法正确；

（3）枪身与涂料通道清洁干净；

（4）清洁后应立即将稀释剂吹干或擦干；

（5）安全操作。

三、实训时间

实训时间：40min。

四、实训教学目标

（1）了解喷枪结构、种类、作用及工作原理；

（2）掌握手工清洗与维护喷枪的方法。

五、实训器材

清洁盘　　　　**喷嘴拆装专用工具**

喷枪清洗工具　　　　喷枪

吹尘枪　　　　**防护用品**

除油布　　　　**垃圾桶**

六、教学组织

1.教学组织形式

实训教师1名,学生16名,8个工位。每个工位2名学生实训,一位学生操作,另一位学生观察、记录。

2.学生站位分工和要求

学生按规定的工位站立,按教师的指令进行独立的操作。

3.实训教师职责

安排学生工位,讲解操作步骤和注意事项,下达"操作开始"口令,工位巡视(检查、指导和纠正错误)。

4.学生职责

认真完成教师布置的任务;做好课后清洁、整理工作。

七、操作步骤

操作前准备

参训学生穿好工作服(喷漆服)、安全鞋,将操作时用到的材料与工具整齐的摆放在操作台上,并以跨立的姿势等待老师下达"操作口令"。

！提示

上实训课必须课前穿好实训服及安全鞋,做好操作前准备,有利于安全

操作和提高工作效率。

手工清洗喷枪

步骤一　取下喷壶

1 穿戴防护用品。

！提示

技术标准与要求详见项目一。

2 将喷壶取下。

！提示

一只手固定喷壶,另一只手持喷枪向逆时针方向旋转。

步骤二 拆卸喷枪

1 取下出漆量调整旋钮。

2 取下枪针。

⚠️ **提示**

取下枪针,并浸泡在装有稀释剂的清洁盘中。

4 取下喷嘴。

⚠️ **提示**

用专用扳手(宽度为 12mm)逆时针旋松、旋下喷嘴,浸泡在装有稀释剂的清洁盘中,注意轻放,防止溶剂飞溅。

3 取下风帽。

⚠️ **提示**

逆时针旋下风帽,浸泡在装有稀释剂的清洁盘中,注意轻放,防止溶剂飞溅。

步骤三　清洗喷枪

1 清洁分配环。

!提示

用软毛刷清洁分配环处。

2 清洁涂料通道。

!提示

(1)用软毛刷清洁涂料通道。

(2)使用干净的洗枪水冲刷涂料通道,注意应避开枪身上压力表的电池部位。

3 清洁枪身。

!提示

(1)用软毛刷清洁枪身。

(2)用吹尘枪吹干。

（3）将清洁后的枪身放置在干净的清洁盘中。

4 清洁风帽。

💧 提示

（1）用软毛刷清洁风帽表面上的涂料。

（3）检查雾化孔是否有堵塞，如有堵塞需使用专用清洗针进行疏通。

（2）清洁风帽上的雾化孔、中心孔、扇面孔。

（4）用干净的洗枪水冲洗风帽。

（5）用吹尘枪吹干。

（6）将清洁后的风帽放置在干净的清洁盘中。

5　清洁喷嘴。

！提示

（1）用软毛刷清洁喷嘴内涂料通道。

（2）用干净的洗枪水冲洗喷嘴。

（3）用吹尘枪吹干。

（4）将清洁后的喷嘴放置在干净的清洁盘中。

6 清洗枪针。

🟢 提示

（1）用毛刷刷洗枪针。

（2）用无纺布将清洁后的枪针擦干。

（3）将清洁后的枪针放置在干净的清洁盘中。

7 喷枪清洗完毕。

步骤四　清洗效果检查

1 检查枪身。

🟢 提示

目测检查，应达到枪身无涂料残留、涂料通道无涂料残留。

3 检查喷嘴。

🔆 **提示**

目测检查,要求喷嘴上无涂料
残留。

2 检查风帽。

🔆 **提示**

目测检查,要求风帽上无涂料残
留,雾化孔、出气孔无涂料残留。

4 清洗后的效果。

🔆 **提示**

目测检查,要求枪针上无涂料残留。

步骤五　组装喷枪

1 安装喷嘴。

用手旋上喷嘴,再用专用工具将喷嘴拧紧。

2 安装枪针。

在枪针上抹涂少许润滑油,安装弹簧,拧紧调整旋钮。

3 安装风帽。

4 喷枪清洗后安装完毕。

5 清洁工作台面。

!提示

操作结束后,将工作台面清洁干净,以方便下位同学练习。

八、考核标准

喷枪的清洗与维护考核评分表(满分100分)

姓名_____ 完成时间_____

考核时间	序号	项　目	配分	评 分 标 准	得分
15min	1	安全防护	18	未按要求穿工作服(喷漆服)扣3分	
				未按要求穿安全鞋扣3分	
				未按要求戴防毒口罩扣3分	
				未按要求戴护目镜扣3分	
				未按要求戴工作帽扣3分	
				未按要求戴抗溶剂手套扣3分	
	2	清洁效果	40	枪身上留有涂料,每处扣2分,共6分,扣完为止	
				枪身涂料通道上留有涂料,每处扣2分,共8分,扣完为止	
				风帽上留有涂料,每处扣2分,共8分,扣完为止	
				风帽上雾化孔中留有涂料,每处扣1分,共6分,扣完为止	
				喷嘴上留有涂料,每处扣2分,共6分,扣完为止	
				枪针上留有涂料,每处扣2分,共6分,扣完为止	

续上表

考核时间	序号	项　目	配分	评 分 标 准	得分
15min	3	安全操作	30	拆卸喷嘴未用专用工具扣6分	
				暴力刷洗枪身、风帽、喷嘴扣6分	
				喷嘴拆装过程中由于操作不当引起的损伤扣6分	
				暴力拆装喷枪扣6分	
				清洁后未及时擦干喷枪各部件，每个扣2分，共6分，扣完为止	
	4	清洁5S	12	清洗结束后、未整理工作台面扣1~12分	
		合计分数	100		

项目五　遮　蔽

一、项目说明

1. 概述

遮蔽又称为贴护，是汽车修补喷涂之前所进行的重要工作之一。遮蔽是用遮蔽材料将所有无需喷涂的部位或部件进行遮盖保护，防止喷涂过程中飞漆的污染，可有效减少作业后清洁的工作量。有时也用遮蔽的方法对施工区域进行隔离以便操作，例如打磨、抛光等作业。

喷枪喷出的涂料飞散范围因空气压力和喷枪的灵敏程度而异，如喷涂面漆漆雾可扩散至被涂板件外 1 ~ 2m，故需对扩散范围内的板件进行遮蔽保护。

2. 遮蔽的方法

遮蔽方法有正向贴护和反向贴护两种，应根据实际情况选择合理的遮蔽方法。

（1）正向贴护。用于进行较大块状整板修补喷涂，如翼子板、车门、发动机舱盖之类的板件在完成单独喷涂时的遮蔽。

（2）反向贴护。用于点修补过渡喷涂部位的遮蔽。此方法指遮蔽纸的粘贴时里面朝外，所以沿边界黏有一次薄的漆雾，可尽可能地减小由喷涂形成的台阶，使边界不太明显。

3. 遮蔽工具及材料

传统作业时用报纸代替遮蔽纸进行遮蔽作业,喷涂后不仅会因报纸表面的油墨及纤维脱落导致漆面脏点多,而且报纸材料无法有效防止涂料渗透,导致油漆渗透至车体表面,增加后期清理的工作量,严重影响工作效率。

高效率的遮蔽方法是选用专业的遮蔽材料,主要有如下遮蔽材料。

(1)遮蔽纸。遮蔽纸是用于遮蔽表面的一种纸质材料。不同于报纸,它能快速吸干油漆,避免油漆从遮蔽纸上流挂且可有效防止油漆渗透;易于通过胶带粘贴于任何不规则表面;表面经防静电处理,能有效防止灰尘吸附和纤维掉落,避免喷涂时产生脏点;耐高温,烘烤时不会燃烧;尺寸规格多,裁取使用方便。

(2)遮蔽膜。遮蔽膜也是遮蔽表面的一种材料,一般由聚乙烯、聚丙烯等材料制成的很薄的薄膜。可有效防止涂料渗透,防止漆尘脱落或涂料干燥以后脱落损坏未干漆面;不会产生静电吸附灰尘;可耐 60~80℃ 高温烘烤。尺寸较大,适用于大面积遮蔽,以提高工作效率。

(3)遮蔽液。遮蔽液是新型遮蔽材料,可用喷枪直接喷涂在需遮蔽的部位,干燥后形成一层保护膜,能有效隔离飞漆、粉尘、飞蜡对车身的污染。成膜后的遮蔽液遇水溶解,可用高压水枪冲去。

(4)遮蔽胶带。遮蔽胶带用于固

定遮蔽纸、遮蔽膜和边界部位的规定。与遮蔽纸一样可耐 60~80℃ 的高温烘烤，耐溶剂，能在喷涂、烘烤撕除后不会在车身表面留下残胶。

（5）缝隙胶带。缝隙胶带由聚氨酯泡沫体加入黏结剂而制成，呈圆柱形，多用于发动机舱盖或车门处，以防止涂料飞入缝隙，可简化板件之间缝隙区域的遮蔽，省时省力。

（6）窗缘缝隙胶带。窗缘缝隙胶带是一种边缘带硬塑料的嵌入式胶带。用于插在车身钢板和密封条或玻璃防护条之间，使密封条和车身之间形成缝隙，喷涂后撤去胶带后，使车身与密封条接触部位不会产生台阶。

（7）遮蔽纸架。遮蔽纸架用于安装各种类型的遮蔽纸卷、遮蔽胶带。使用时可拉出遮蔽纸的同时将胶带粘在上面，方便操作人员快捷地截取和粘贴遮蔽纸，提高遮蔽工作效率。

4. 遮蔽时边界的选择

遮蔽的边界是指需喷涂区与不需喷涂区的分割边界。通常选择以下部位作为边界。

（1）相邻两个车身边界间的缝隙作为边界。

（2）车身上密封胶处作为边界。

（3）车身上特征线突出处作为边界。

（4）车身板件平面上作为边界。

5.遮蔽小技巧

（1）遮蔽胶带的截取。

步骤一：握住胶带，并拉出一段。

步骤二：用手指切断胶带。

（2）圆形部位的贴护。

正确演示。

错误演示。

圆弧区遮蔽
胶带卷曲

（3）车身孔洞处的遮蔽（转向灯孔、门把手孔）。沿孔洞边缘开始粘贴，逐渐缩小孔洞，最后遮蔽孔中间部分。

步骤一。

步骤二。

步骤三。

步骤四。

步骤五。

（4）剥除遮蔽胶带。边界处的遮蔽胶带应趁涂层软时小心剥除，当涂层变干时再去除，将不能均匀分离，使边界部位粗糙，剥除时胶带边缘应平行于涂层表面的方向。

（5）双层遮蔽法。在涂料易于聚集的部位，为了避免车身钣件由于遮蔽纸被涂料渗透而附着涂料，可采用双层遮蔽的方法，即将遮蔽纸对折成两层再用遮蔽胶带粘贴。

粘贴胶带

遮蔽纸　　　　　　遮蔽纸折叠

遮蔽纸折叠

二、技术标准与要求

（1）正确选择与穿戴安全防护用品；

（2）合理选择遮蔽方法；

（3）正确选择遮蔽工具及材料；

（4）正确确定遮蔽边界；

（5）非喷涂区完全遮蔽；

（6）安全操作。

遮蔽胶带　　　　　遮蔽纸

三、实训时间

实训时间:40min。

四、实训教学目标

（1）了解遮蔽的作用及方法；

（2）了解遮蔽作业中使用的工具及材料；

（3）掌握正向、反向遮蔽的技能。

遮蔽膜　　　　　防护用品

除油布　　　　　垃圾桶

六、教学组织

1.教学组织形式

实训教师1名,学生16名,8个工位,每个工位2名学生实训,一位学生操作,另一位学生观察、记录。

2.学生站位分工和要求

学生按规定的工位站立,按教师的指令进行独立的操作。

五、实训器材

遮蔽纸架　　　　工件

3.实训教师职责

安排学生工位,讲解操作步骤和注意事项,下达"操作开始"口令,工位巡视(检查、指导和纠正错误)。

4.学生职责变换

认真完成教师布置的任务;做好课后清洁、整理工作。

七、操作步骤

操作前准备

参训学生穿好工作服、安全鞋,将操作时用到的材料与工具整齐地摆放在操作台上并以跨立的姿势等待老师下达"操作口令"。

⚠提示

上实训课必须课前穿好实训服及安全鞋,做好操作前准备,有利于安全操作和提高工作效率。

实训内容一　反向遮蔽

（以局部喷涂中涂底漆前遮蔽为例）

步骤一　遮蔽前清洁

1 穿戴防护用品。

⚠提示

除油作业防护,操作要领详见项目一。

2 清洁除油。

⚠提示

对粘贴胶带部位进行清洁除油,以便粘贴牢固。

步骤二　反向遮蔽过程

1 喷涂区左侧遮蔽。

💡 **提示**

（1）取遮蔽纸，在遮蔽纸架上取出长度适宜的遮蔽纸，以能完全遮盖住工件为准。

（2）截取方法：其中一侧轻轻一提，利用遮蔽纸架上的锯齿口切断遮蔽纸。

（3）如示意图所示，将遮蔽纸覆盖于喷涂区一侧，在左侧距原子灰边缘约150mm处（红色虚线所示）用胶带固定遮蔽纸，注意不要让遮蔽纸褶皱。

（4）左侧遮蔽过程1。

（5）左侧遮蔽过程2。

（6）如示意图所示，以固定边的胶带为轴翻转遮蔽纸，拉动遮蔽纸向左侧非喷涂区移动，待遮蔽边界距原子灰约100mm处（蓝线所示）停止拉动，从而遮蔽左侧的非喷涂区，用胶带固定，注意遮蔽纸的弯折区应自然卷曲。

（7）左侧遮蔽过程 3。

2 喷涂区右侧遮蔽。

🔔 提示

（1）如图所示，取遮蔽纸，采用与左侧相同的遮蔽方法对喷涂区右侧进行遮蔽。

遮蔽纸卷曲处

100mm
150mm

胶带粘贴处

（2）右侧遮蔽过程 1：将遮蔽纸覆盖于喷涂区一侧，在右侧距原子灰边缘约 150mm 处用胶带固定遮蔽纸，注意不要让遮蔽纸褶皱。

（3）右侧遮蔽过程 2。

（4）右侧遮蔽过程 3：以固定边的胶带为轴翻转遮蔽纸，拉动遮蔽纸向右侧非喷涂区移动，待遮蔽边界距原子灰约 100mm 处停止拉动，从而遮蔽左侧的非喷涂区，用胶带固定，注意遮蔽纸的弯折区自然卷曲。

3 喷涂区上侧遮蔽。

!提示

（1）如图所示，取遮蔽纸，将遮蔽纸覆盖于喷涂区一侧，在喷涂区上侧距原子灰边缘150mm处（红色虚线所示）用胶带固定遮蔽纸，注意不要让遮蔽纸褶皱。

胶带粘贴处
100mm
150mm
待命纸

（2）然后沿着胶带固定边为轴翻转遮蔽纸，拉动遮蔽纸向上非喷涂区移动，待遮蔽边界距原子灰约100mm处停止拉动，用胶带固定。

遮蔽纸
工件
线条部位弯折区

（3）注意遮蔽纸的弯折区使其自然卷曲，从而遮蔽上侧非喷涂区。如工件上有特征线，则可以此线为边界进行反向遮蔽。

（4）上侧遮蔽过程1。

（5）上侧遮蔽过程2。

（6）上侧遮蔽过程3：然后沿着胶带固定边为轴翻转遮蔽纸，拉动遮蔽纸向非喷涂区移动，待遮蔽边界距原子灰约100mm处停止拉动，用胶带固定。

4 下侧部位遮蔽。

!提示

（1）取遮蔽纸，采用相同的遮蔽方法对下侧非喷涂区进行遮蔽。

（2）下侧遮蔽过程1：将遮蔽纸覆盖于喷涂区一侧，在喷涂区下侧距原子灰边缘150mm处用胶带固定遮蔽纸，注意不要让遮蔽纸褶皱。

（3）下侧遮蔽过程2。

步骤三　检查遮蔽效果

1 目视检查遮蔽效果。

提示

（1）检查一：遮蔽范围适合，符合中涂底漆喷涂的要求，原子灰边缘距遮蔽边界部位应大于100mm，以给中涂底漆施工留有足够大的范围。

（2）检查二：反向遮蔽弯折区遮蔽纸应自然弯曲。

（3）检查三：遮蔽胶带粘贴紧实，无法用吹尘枪吹开脱胶。

（4）检查四：非涂区应全部遮蔽。

2 整理操作工位。

提示

操作结束后，将工作台面清洁干净，以备下位同学操作。

实训内容二　正向遮蔽

（以整板喷涂汽车后门为例）

步骤一　遮蔽前清洁

清洁除油。

提示

对车辆内、外部需粘贴遮蔽胶带的部位清洁除油，以确保胶带与工件粘贴牢固。

清洁窗沿压条缝隙内部

清洁门框内侧

步骤二　遮蔽过程

1 后门与后叶子板、下门槛缝隙遮蔽。

提示

（1）遮蔽方法（不使用缝隙胶带）：

打开后车门，用胶带沿着门框内部边缘进行粘贴，使胶带的一半外露于门框，遮蔽完毕后将车门关上，可使外露于门框的胶带将缝隙挡住，从而在喷涂过程中避免飞漆通过缝隙飞入污染非涂区。

遮蔽胶带

（2）遮蔽过程1。

（3）遮蔽过程2。

（4）遮蔽过程3。

（5）待全部遮蔽后，关上车门，使外露门框的胶带将缝隙遮挡。

（6）用胶带将外露于门框的胶带与相邻部件固定。

（7）固定胶带过程1。

（8）固定胶带过程2。

（9）后叶子板、下门槛缝隙遮蔽后效果。

要求：遮蔽后，后门与后叶、下门槛的缝隙完全遮挡。

2 后门与车窗玻璃缝隙的遮蔽。

💡**提示**

（1）本实例中，车窗压条已拆卸，故要将门皮与车窗玻璃的缝隙进行遮蔽。如未拆卸可用窗缘胶带进行遮蔽。

（2）遮蔽方法：将胶带插入外门皮覆盖件与车窗玻璃的缝隙，与门框粘贴，使其1/2左右的宽度外露于门框。

（3）遮蔽过程1。

（4）遮蔽过程 2。

（5）遮蔽完毕。

（6）用胶带将外露于门皮的胶带固定于车窗玻璃上，将缝隙遮挡。

（7）车外门皮与车窗玻璃缝隙遮蔽后效果。

要求：车门与车窗玻璃的缝隙完全遮挡。

3 前门、后门缝隙的遮蔽。

提示

（1）后车门凸缘部位遮蔽有如下步骤。

① 从遮蔽纸架上取下遮蔽纸，长度如图所示。

② 沿着后车门边缘外凸起粘贴遮蔽纸，使胶带的边缘与车门表面对齐，并将遮蔽纸延伸到上下两端，分别粘贴于正面窗框及下门槛上。

密封胶边缘对齐。

③后车门凸缘部位遮蔽完毕。

（2）前门内饰的遮蔽有如下步骤。

①取遮蔽纸，取下的长度应比前车门底部至车窗框距离超出400mm左右的遮蔽纸。

400mm

②以前门内部边缘密封胶处为边界线，用遮蔽胶带将遮蔽纸贴护在前门里侧，注意胶带一侧的边缘必须与

③在门窗顶部留出约100mm的余量，并从门框内部向外部折叠，且粘贴于正面的车窗框上；沿着密封胶向下遮蔽贴护，将剩余的遮蔽纸向门框底部折叠，并再次沿着底部的密封胶粘贴。

100mm

300mm

④前门内饰遮蔽完毕。

要求:后车门框与前门框的缝隙完全被遮挡。

4 与后门(喷涂区)相邻部件外表面的遮蔽。

💡**提示**

(1)关上前车门。

(2)沿着前车门边缘,用胶带进行贴护,将前门与后门临界边缘完全遮蔽。

(3)边界部位遮蔽完毕。

(4)以胶带粘贴部位为边界,用遮蔽膜将后车门(喷涂区)相邻部件进行遮蔽。

（5）遮蔽过程 1。

（6）遮蔽过程 2。

（7）遮蔽过程 3。

（8）遮蔽过程 4。

（9）遮蔽过程 6。

要求：被喷涂区周边的相邻部件完全被遮挡。

（10）遮蔽后效果。

⚠提示

要求喷涂区相邻部件及缝隙应全部遮蔽;遮蔽材料无破损;遮蔽材料未遮挡喷涂区。

5 清洁工作台面。

⚠提示

操作结束后,需及时清洁工作台面,以备下位同学练习。

八、考核标准

遮蔽考核评分表(满分100分)

姓名_____   完成时间_____

考核时间	序号	项 目		配分	评 分 标 准	得分
40min	1	安全防护		12	未按要求穿工作服扣2分	
					未按要求穿安全鞋扣2分	
					未按要求戴防毒口罩扣2分	
					未按要求戴护目镜扣2分	
					未按要求戴工作帽扣2分	
					未按要求戴抗溶剂手套扣2分	
	2	遮蔽过程	反向遮蔽	38	未按要求在遮蔽前除油扣4分	
					未按要求取遮蔽纸扣4分	
					翻转区遮蔽纸未自然卷曲扣6分	
			正向遮蔽		未按要求在遮蔽前除油扣4分	
					未按要求规范遮蔽后门与后叶、下门槛缝隙扣6分	
					未按要求规范遮蔽后门与车窗玻璃缝隙扣6分	
					未按要求规范遮蔽前、后车门缝隙扣4分	
					未按要求规范遮蔽相邻部件扣4分	
	3	遮蔽效果	反向遮蔽	40	遮蔽范围合理不扣分,不合理扣1~10分	
					遮蔽效果符合要求不扣分,不合理扣1~10分	
			正向遮蔽		遮蔽范围合理不扣分,不合理扣1~10分	
					遮蔽效果符合要求不扣分,不合理扣1~10分	
	4	5S管理		10	未清洗、未整理工作台面扣1~10分	
	合计分数			100		

项目六 中涂底漆的施工

一、项目说明

1.概述

中涂底漆层在汽车涂层组合中是在面漆层之下底漆层之上的中间涂层,主要起增强涂层间附着力、加强底涂层的封闭性及填充细微痕迹的作用。因此,中涂底漆要有一定的附着力、耐溶剂性及填充性,以保证为面漆提供一个完美的施工表面,并能突出面漆的装饰性。

2.中涂底漆的组成

中涂底漆主要由颜料、树脂、溶剂、添加剂组成。其中颜料为体制颜料,占所有组成成分的60%~70%。

3.中涂底漆的特性

(1)与底漆、原子灰、旧涂层及面漆有良好的配套性,涂层间的结合力强,不被面漆的溶剂所咬起。

(2)干燥后涂层硬度适中,能抗石击,具有良好的打磨性能及耐水性,打磨后表面平整光滑,无起皱、脱皮等,局部喷漆边缘平滑性好,无接口痕迹。

(3)有良好的填充性能,经喷涂打磨后能消除底材上的轻微划痕、砂眼等。

(4)有良好的隔离性能,可防止底漆层、原子灰层、旧涂层不良物质向面漆层渗出而污染漆膜表面,破坏面漆层的装饰性。

(5)具有良好的施工性能,如温度适应性、干燥迅速等。

4.中涂底漆的分类

根据组分不同分为单组分中涂底漆和双组分中涂底漆。

单组分中涂底漆自然干燥速度快于双组分中涂底漆,但是隔离性、填充性、附着力、耐候性都比双组分中涂底漆差,通常只适用于小面积修补喷涂,且由于无法添加柔软剂降低柔韧性,所以不能喷涂在塑料件上,否则容易造成漆膜开裂、剥落。双组分中涂底漆在常温(20℃)情况下自然干燥时间为1~2h,为了加快其干燥速度,可以采用短波红外线烤灯加热,在15min后漆膜即可固化打磨,这样既缩短了干燥时间,又能保证作业效率。

每一种颜色都有一定的灰度值,当面漆颜色的灰度值与中涂底漆颜色的灰度值接近时,底材颜色就容易被遮盖,不但减少了底色漆涂料的使用量,同时也提高了施工效率,如下图所示,左右两边采用不同灰度的中涂底漆,左边被底色漆完全遮盖,而右边未被遮盖。故在施工中涂底漆时应尽量选与面漆颜色灰度值相接近的中涂底漆。

	SG01	SG02	SG03	SG04	SG05	SG06	SG07
P565-511	100	95	80	50	0	0	0
P565-510	0	5	20	50	100	99	92
P170-5670	0	0	0	0	0	1	8

目前,涂料供应厂商会提供 2 ~ 3 种颜色的中涂底漆,如白、黑、灰,三者通过按不同比例可调配出多种不同灰度的中涂底漆,如下图所示,其中 SG01 ~ SG07 即灰度值,不同涂料品牌的灰度值表示编号不同,但编号中一定含有灰度值的数字。有些颜色配方中也明确地指定了详细的底层色灰度值,方便使用者准确地选择灰度值。

5. 中涂底漆的施工工艺

中涂底漆施工工序分为中涂底漆喷涂前处理、调配中涂底漆、喷涂中涂底漆、打磨中涂底漆(非湿喷湿工艺)。

1)中涂喷涂前处理

(1)步骤一:打磨。对于有旧涂层或涂有电泳底漆的工件整板喷涂时,用 P320 ~ P240 干磨砂纸配合 6 ~ 7 号双动作打磨头打磨整个工件原有涂层,边角部位及打磨头难以打磨到的部位用红色菜瓜布打磨;如底材是电泳底漆涂层也可全程用红色菜瓜布手工打磨,直至打磨后原涂层完全处于哑光状态;局部修补时,用 P320 砂纸配合打磨头打磨除原子灰之外中涂喷涂底漆区域,要求磨毛宽度为 15 ~ 20cm。

(2)步骤二:吹尘、除油。用除油布擦去表面灰尘、除油。

(3)步骤三:遮蔽。局部喷涂时,应采用反向遮蔽的方法进行遮蔽。

2）调配中涂底漆

（1）步骤一：正确选择灰度值。根据底色漆的灰度选择合适的中涂底漆灰度值，可查阅涂料生产厂商的资料。

（2）步骤二：确定用量。为达到完美修补，建议使用双组分中涂底漆。注意根据喷涂面积合理的调配中涂底漆用量，以免浪费。

（3）步骤三：添加固化剂、稀料。根据产品使用说明，按规定比例添加固化剂与稀料，并充分搅拌；需使用配套的比例，不同品牌的中涂底漆所需添加的固化剂与稀料比例有所差异，不可混用。

3）喷涂中涂底漆

（1）步骤一：喷枪选择。选择合适的喷枪进行喷涂，通常选择底漆喷枪。如喷涂免磨中涂底漆时，应选择面漆喷枪或口径为1.4的底漆喷枪，从而获得橘纹小、光滑、平整的漆面。

（2）步骤二：喷涂中涂底漆。通常喷涂2～3层中涂底漆，漆膜厚度可达50～70μm，视不同的原子灰平面度可多喷几层，但漆膜厚度不得超过150μm，以免涂层开裂。如喷涂免磨中涂底漆，只喷涂一层即可，漆膜厚度需控制为20～35μm。

4）打磨中涂底漆

除在"湿碰湿"工艺中使用免磨中涂底漆外，其他的中涂底漆必须打磨后，才可喷涂面漆，素色底色漆用P400干磨砂纸打磨，金属底色漆用P500干磨砂纸打磨，以获得光滑、平整且具有

一定附着力的表面。

（1）步骤一：涂炭粉。在中涂底漆上均匀地涂抹打磨指示剂。

（2）步骤二：打磨中涂底漆。用P400～P500砂纸配合3号打磨头研磨整个表面。如果在原子灰上喷涂的修补中涂底漆或中涂底漆有流挂，则在抹涂打磨指示剂后，先用P320砂纸配合手磨板整平原子灰上的中涂底漆或流挂部位，然后再抹涂打磨指示剂用P400～P500砂纸配合3号打磨头进行打磨，促使漆面更加的平整、光滑。

（3）步骤三：检查、清洁。吹尘、除油，检查橘纹是否打磨平整，如还有橘纹，需继续打磨直至磨透。

二、技术标准与要求

（1）正确选择及穿戴防护用品；

（2）干磨机使用正确，打磨头与工件接触后再起动；

（3）中涂底漆前处理用P320砂纸配合7（6）号双动作打磨头打磨旧涂层；

（4）中涂底漆灰度值选择正确；

（5）中涂底漆、环氧底漆调配比例正确，参考产品使用说明；

（6）底漆喷枪选择正确，喷枪口径为1.6～1.8mm，喷枪调整正确；

（7）中涂底漆喷涂方法正确（整板喷涂要求：2个湿层。修补喷涂要求：1个薄层加2个湿层，层与层之间闪干时间合理）；

(8)用 P320～P500 砂纸配合手磨板和3号双动作打磨头打磨中涂层;

(9)边角部位用灰色菜瓜布打磨;

(10)打磨后中涂底漆表面平滑,打磨彻底,无露底、无橘皮、无磨穿、无划痕;

(11)废弃物正确处理;

(12)安全操作。

烤房

吹尘枪

三、实训时间

(1)中涂底漆前处理:20min。

(2)中涂底漆、环氧底漆调配:20min。

(3)中涂底漆喷涂:30min。

(4)中涂底漆打磨:30min。

喷枪

工件

四、实训教学目标

(1)巩固防护用品的穿戴知识;

(2)了解中涂底漆的种类及作用;

(3)掌握中涂底漆调配的技能;

(4)掌握喷涂中涂底漆的技能;

(5)掌握打磨中涂底漆的技能。

防护用品

砂纸

除油布

除油剂

五、实训器材

环氧底漆

中涂底漆

干磨机

空气压缩机

菜瓜布

一次性枪壶

粘尘布　　　　　垃圾桶

六、教学组织

1. 教学组织形式

实训教师1名,学生16名,8个工位。每个工位2名学生实训,一位学生操作,另一位学生观察、记录。

2. 学生站位分工和要求

学生按规定的工位站立,按教师的指令进行独立的操作。

3. 实训教师职责

安排学生工位,讲解操作步骤和注意事项,下达"操作开始"口令,工位巡视(检查、指导和纠正错误)。

4. 学生职责

认真完成教师布置的任务;做好课后清洁、整理工作。

七、操作步骤

操作前准备

参训学生穿好工作服、安全鞋,将

操作时用到的材料与工具整齐的摆放在操作台上,并以跨立的姿势等待老师下达"操作口令"。

!提示

上实训课必须课前穿好实训服及安全鞋,做好操作前准备,以有利于安全操作和提高工作效率。

实训内容一　中涂底漆喷涂前处理
（原厂电泳层）

步骤一　清洁除油

1 除尘。

!提示

建议用擦除的方式除尘,避免实训间粉尘到处飞扬。

2 穿戴防护用品。

🟢 **提示**

技术标准与要求详见项目一。

3 除油。

🟢 **提示**

（1）将除油剂均匀地喷洒在待打磨的表面上，使污物充分溶解。

（2）用干净的除油布将除油剂擦干。

步骤二 检查板件

1 更换防护用品。

🟢 **提示**

技术标准与要求详见项目一。

2 检查并标记损伤涂层。

🟢 **提示**

钣金件在运输过程中，表面涂层可能会有一定程度的擦伤，有些钢板甚至会变形。故先检查，后打磨。对于深划痕要打磨平顺；钢板损伤需原子灰施工修复。

步骤三　打磨电泳涂层

1 选择磨头、砂纸。

🔔 **提示**

通常电泳涂层较薄，只有 15μm 左右，很容易打磨平整，故需用 3 号打磨头配合 P240 砂纸打磨深划痕即可，其余表面涂层用 P320 砂纸打磨。

2 将砂纸粘贴在打磨机托盘上。

🔔 **提示**

砂纸的孔要与磨垫的吸尘孔对齐。

3 启动集尘系统。

🔔 **提示**

将打磨机启动开关指向"AUTO"挡，即自动吸尘挡。

M 表示手动吸尘(开到此挡，无论磨头的启动或停止，集尘主机都保持吸尘状态)

A 表示自动吸尘(开到此挡，集尘主机在磨头启动时会自动开启，磨头关闭时会有大约8s的延迟以继续吸尘)

min 表示自动吸尘最小功率

O 图标表示关闭状态(开到此挡，集尘主机关闭)

4 打磨损伤涂层。

🔔 **提示**

去除损伤涂层，使涂层与底材过渡平顺，打磨方法可参考羽状边的打磨。

5 除尘。

6 粘贴打磨软垫。

🔔 **提示**

由于翼子板表面形状较为复杂,添加软垫后,打磨面更加贴合工件表面的形状,注意吸尘孔对准。

7 选择打磨砂纸。

🔔 **提示**

使用 3 号打磨头配合 P320 砂纸打

磨电泳层。

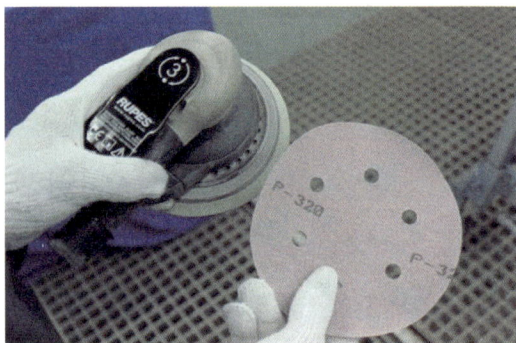

8 将砂纸贴粘在打磨头上。

🔔 **提示**

注意砂纸的孔要与磨垫的吸尘孔对齐。

9 打磨电泳层。

🔔 **提示**

(1)务必将打磨头与工件充分接触后再启动打磨头。

（2）打磨过程中,只要将打磨头放在被打磨表面上左右移动即可,不必在磨头处施加过大的下压力,以免过度打磨。

（3）为提高打磨效率,打磨时应分区域依次打磨。如图示中的翼子板,可以以筋线为界线,将打磨区域分为上、中、下三个板块。

10 机磨后的效果。

💡 **提示**

均匀打磨,确保打磨过的区域完全磨透。

11 手工打磨。

💡 **提示**

对于边角部位,磨头难以打磨的区域,可选用菜瓜布手工打磨。

12 将菜瓜布粘贴在打磨头上打磨电泳层。

提示

作用:一方面能将大部分残留在工件表面粉尘吸除,进一步确保整个电泳层磨透。

13 用无纺布擦去工件上多余的粉尘。

步骤四　清洁除油

1 更换防护用品。

提示

技术标准与要求详见项目一。

2 除油。

3 电泳层打磨完毕(中涂喷涂前处理)。

!提示

要求:

(1) 表面光滑、呈哑光状,并带有一定的粗糙度,损伤的原电泳涂层与裸金属过渡平顺、无台阶。

(2) 对于有露底材的区域,可以采用喷涂(刷涂)环氧底漆侵蚀底漆(不进行原子灰施工)的方法,以起到防锈作用。

4 整理工位。

!提示

操作结束后,将工作台面、操作现场清洁干净,以方便下位同学操作。

实训内容二　环氧底漆、中涂底漆调配

操作前准备

参训学生穿好喷漆服、安全鞋,将操作时用到的材料与工具整齐的摆放在操作台上,并以跨立的姿势等待老师下达"操作口令"。

!提示

上实训课必须课前穿好实训服及安全鞋,做好操作前准备,有利于安全操作和提高工作效率。

步骤一　选择环氧底漆

1 穿戴防护用品。

113

提示

技术标准与要求详见项目一。

2 选择环氧底漆。

提示

本次实操使用的是 PPG Autocolor P565-895 环氧底漆。

3 查看产品使用手册。

提示

经查询,涂料、固化剂、稀释剂的比例为 4:1:1。

4 P565-895 环氧底漆使用说明。

P565-895 超快干无铬环氧底漆

产品特性

用于提高裸金属(包括镀锌铁材)的附着力及防腐性。该底漆干燥迅速,并可直接在其上刮原子灰。

包装:1L

底材	裸钢材、镀锌板材、铝材、玻璃钢、聚酯原子灰、预涂底漆和状态良好的旧漆膜
	P565-895 4 份 P210-938/939/842/8430 1 份 P850-2K 稀释剂 1 份
	17 ~ 20s DIN4 (22 ~ 26s BSB4)
	1.3 ~ 1.6mm 1.5 ~ 2.0bar
	喷 1 ~ 2 道单层,干膜厚度达到 15 ~ 20μm
	喷涂中涂底漆前需要静置 5 ~ 10min 低气温下,静置时间可以更长 喷涂中涂底漆前的停留时间不得超过 8h
	通常无需打磨表面 如需要,在喷涂 30min 后使用 P1200 砂纸去除尘点

步骤二 调配环氧底漆

1 用专用工具打开环氧底漆罐盖子。

2 搅拌罐中环氧底漆。

!提示

　　用调漆尺将罐中的环氧底漆基料充分地搅拌均匀。

3 清洗调漆尺。

!提示

　　(1)用纸卡片刮去调漆尺上的油漆。

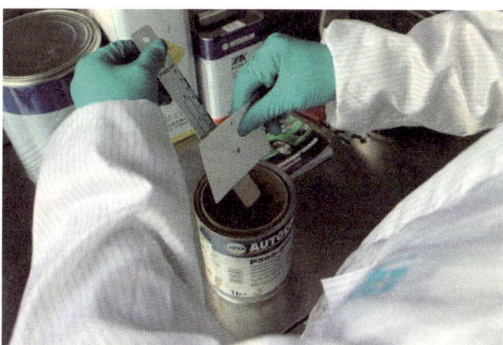

　　(2)调漆尺使用后需立即清洗,以备下次使用。

4 将环氧底漆倒入调漆杯中。

!提示

　　根据使用量倒入一定量的环氧底漆,倒油漆时仔细观察调漆杯中油漆的位置。

5 倒入相应比例的固化剂。

!提示

　　应根据施工面积及施工周围的温度来选择合理的固化剂。

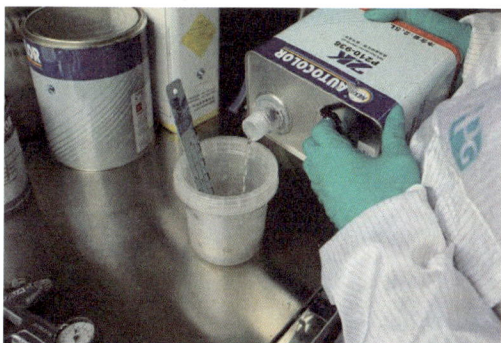

6 倒入相应比例的稀释剂。

🔴 **提示**

应根据施工面积及施工周围的温度来选择合理的稀释剂。室温在15℃以下时,用快干稀释剂;室温为15~25℃时,用标准稀释剂;室温在25℃以上时,用慢干稀释剂。)

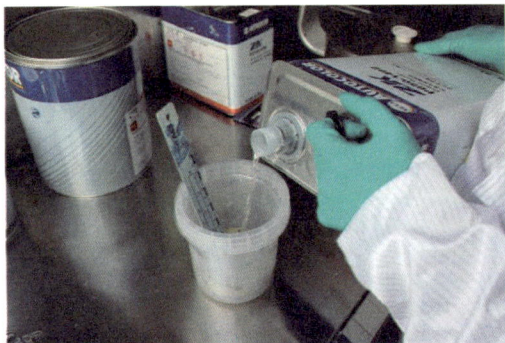

7 搅匀调漆杯中的环氧底漆、固化剂、稀释剂。

🔴 **提示**

用调漆尺把调漆杯中的涂料充分地搅匀,避免飞溅。

8 清洗调漆尺。

🔴 **提示**

调配后立即将调漆尺用稀释剂清洗干净。

9 盖上喷壶壶盖。

🔴 **提示**

将壶盖与壶对准后用力往下压,然后以顺时针方向旋紧。

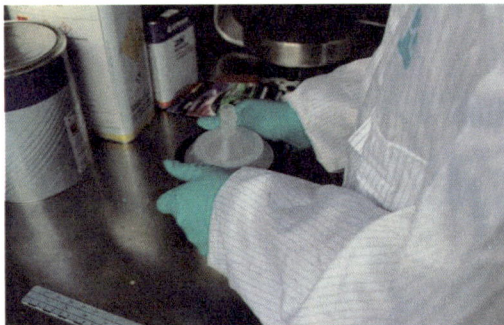

10 将喷枪装上。

🔴 **提示**

(1)建议用口径为1.3mm的面漆喷枪喷涂环氧底漆,喷涂后漆面更加光滑、细腻。

(2)左手固定喷壶,右手持枪,将螺纹口对准后,往顺时针方向拧紧。

11 环氧底漆调配完毕。

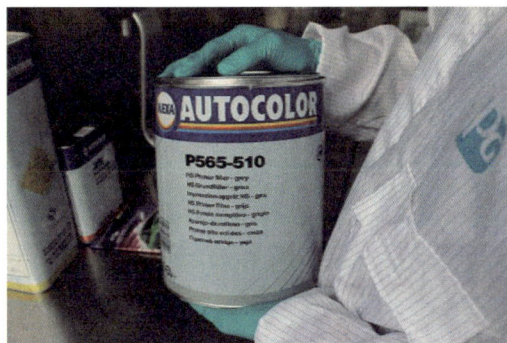

步骤三　选择中涂底漆

1 选择中涂底漆。

！提示

本次操作使用的是 PPG Autocolor P565-510 中涂底漆。

2 查看产品使用手册。

！提示

经查询,调配比例为 5:1:1。

P565-510/511 高固含量厚膜底漆

产品特性

可调灰度底漆系列产品,高效增值可提供极佳之填充性、黏附性、防锈性及提高面漆明亮度。

包装:3.5L

底材	裸钢材、玻璃钢、聚酯原子灰、预涂底漆和状态良好的旧漆膜	
	续上表	
	中涂	喷灰
	P565-510/511　　　　　5 份 P210-8430/844/845/842　1 份	
	P850-2K 稀释剂 1 份	P850-2K 稀释剂 0.5 份
	19～26s DIN4 (24～35s BSB4)	30～35s DIN4 (41～48s BSB4)
	1.6～2.0mm 2.0bar	1.6～2.0mm 2.0bar
	施喷 2～3 层,漆膜厚度达到 80～120μm	施喷 3～4 层,漆膜厚度达到 150～200μm
	每层间隔约 5min	每层间隔 5～7min
	风干(20℃) 75～100μm　2h 150μm　3h 金属表面 60℃烘烤:20min	风干(20℃) 200μm　3～4h 金属表面 60℃烘烤:20min
	红外线加热:8～12min	
	干磨砂纸 P400 或 P500	
可调灰度底漆	配套 P170-5670 色母可获得不同灰度效果,详见产品说明书	

步骤四　调配中涂底漆

1 用专用工具打开中涂底漆罐盖子。

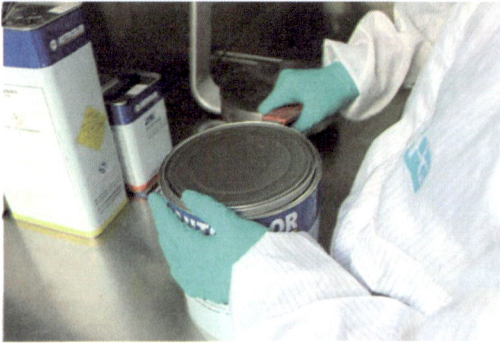

2 用调漆尺将中涂底漆基料充分搅拌均匀。

🔔 **提示**

中涂底漆中含有较多的体质颜料,易下沉堆积,故使用前必须需充分搅拌均匀,以免影响调配后的黏度及填充效果。

3 清洗调漆尺。

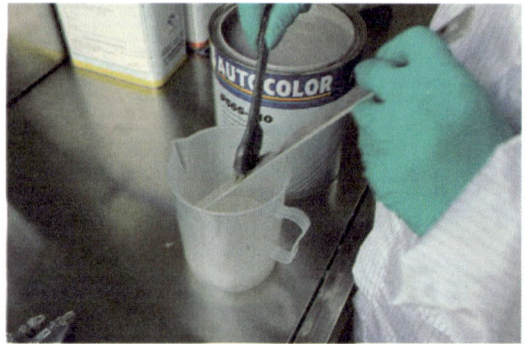

4 将中涂底漆倒入调漆杯中。

🔔 **提示**

根据被涂物面积的大小,倒入一定量的中涂底漆,倒油漆时仔细观察调漆杯中油漆的位置。

5 倒入相应比例的固化剂。

🔔 **提示**

应根据施工面积及施工周围的温度来选择合理的固化剂。

6 倒入相应比例的稀释剂。

提示

应根据施工面积及施工周围的温度来选择合理的稀释剂。

7 搅匀调漆杯中的中涂底漆、固化剂、稀释剂。

提示

用调漆尺把调漆杯中的涂料充分地搅匀。

8 清洗调漆尺。

提示

调配后立即将调漆尺用稀释剂清洗干净。

9 盖上喷壶壶盖。

提示

将喷壶盖与喷壶对准后用力往下压,然后以顺时针方向旋紧。

10 安装喷枪。

提示

左手固定喷壶,右手持喷枪,将螺纹口对准后,往顺时针方向拧紧。

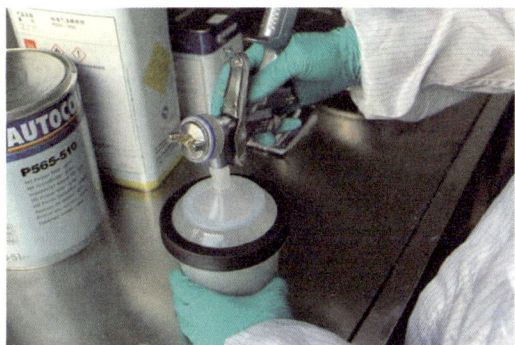

11 中涂底漆调配完毕。

12 清洁工作台。

提示

操作结束后,需及时清洁工作台面,以方便下位同学练习。

实训内容三 喷涂环氧底漆、中涂底漆(整板喷涂)

操作前准备

参训学生穿好喷漆服、安全鞋,将操作时用到的材料与工具整齐的摆放在操作台上,并以跨立的姿势等待老师下达"操作口令"。

提示

上实训课必须课前穿好实训服及安全鞋,做好操作前准备,有利于安全操作和提高工作效率。

步骤一 粘尘

1 将粘尘布充分地展开。

2 粘尘。

提示

从上往下依次轻擦整个被涂物表面，不得重压粘尘布，以免将粘尘布上的树脂留在被涂物表面上，喷涂后造成漆膜缺陷。

步骤二　喷枪参数调整

1 调整喷枪出漆量。

提示

对于整板喷涂，建议将出漆量调整到最大。

2 调整喷幅喷涂扇面。

提示

对于整板喷涂，建议将喷幅调整至最大。

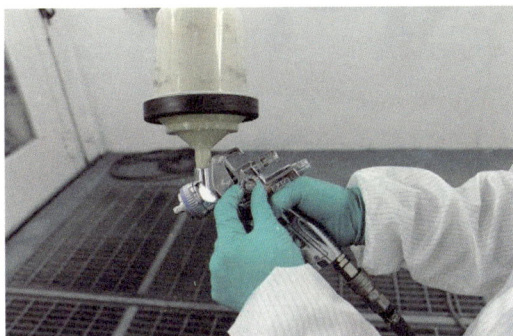

3 调整喷涂气压。

提示

对于整板喷涂，建议将气压调整为 $200 \sim 250kPa(2 \sim 2.5bar)$。

4 试枪。

提示

试喷涂，查看喷枪雾化状态是否调整至最佳状态。

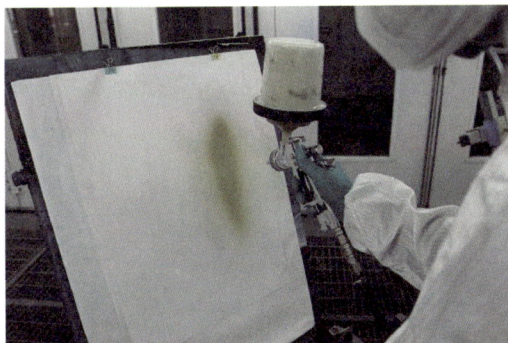

步骤三　喷涂环氧底漆

1 喷涂环氧底漆。

⚠️ **提示**

（1）通常环氧底漆只喷涂在裸露金属处即可,由于本操作中裸露金属区域较多,故进行整板喷涂。

（2）环氧底漆主要起到防腐蚀及提高附着力的作用,建议只需喷涂一个连续的薄层即可。

（3）走枪时,在枪距不变的情况下,通过改变压枪和走枪速度来控制喷涂涂层的厚薄。

2 喷涂后的效果。

⚠️ **提示**

一个连续的薄涂层,能透过环氧底漆层看到底材,即达到了防腐、增加附着力的要求,又可减少涂料的消耗,同时又能缩短闪干时间,大大提高了施工效率。

3 待环氧底漆闪干后便可喷涂中涂底漆。

> **提示**
>
> 多角度观察整个涂层，当整个涂层表面呈哑光状时，便说明涂层已经闪干，可进行中涂底漆施工。

步骤四　调整底漆喷枪

1 调整底漆喷枪出漆量。

> **提示**
>
> 整板喷涂，建议将出漆量调整到最大。

2 调整喷幅喷涂扇面。

> **提示**
>
> 整板喷涂时，建议将喷幅调整至最大。

3 调整喷涂气压。

> **提示**
>
> 整板喷涂时，建议将气压调整为200～250kPa(2～2.5bar)。

4 进行喷涂前试枪。

> **提示**
>
> 查看喷枪是否调整至雾化状态最佳状态。

中央湿润区

雾化区

完美的喷幅图案

步骤五　喷涂中涂底漆

1 喷涂第一层中涂底漆。

⚠️ **提示**

（1）通常中涂底漆喷涂 2～3 层，才能达到合理的膜厚。喷涂时，先喷涂工件的边缘，后喷涂工件的表面。

（2）由于中涂底漆主要起到填充作用，故喷涂时要注意喷涂距离不要太远，甩枪幅度不要太大，以免产生过多的飞漆，从而浪费涂料。

2 第一层中涂底漆喷涂完毕。

⚠️ **提示**

（1）在底涂层完好的情况下，第一层中涂底漆即可以喷涂一个湿涂层。

（2）待第一层中涂底漆自然闪干后便可喷涂下一层。

3 中涂底漆完全闪干后，表面呈哑光状。

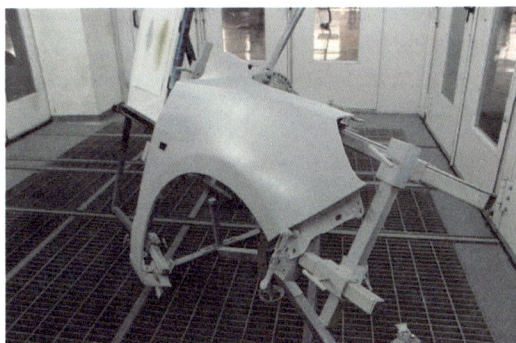

4 喷涂第二层中涂底漆。

🔔 **提示**

（1）第二层中涂底漆要求全湿喷涂。

（2）喷涂后膜厚应达到70μm左右，

修补喷涂膜厚最大不得超过150μm，过厚的中涂底漆，将需要更长的干燥时间，降低工作效率。

5 中涂底漆喷涂完毕。

🔔 **提示**

要求膜厚符合要求，漆面无漏喷、无流挂、表面光滑，以方便后续打磨作业。

6 整理工位。

提示

操作结束后,需及时清洁操作区域,以方便下位同学练习。

7 清洗喷枪。

提示

双组分中涂底漆、环氧底漆在喷涂结束后,需立即清洗喷枪,以备下次使用,具体清洗方法详解项目四。

实训内容四　喷涂中涂底漆(修补)

操作前准备

参训学生穿好喷漆服、安全鞋,将操作时用到的材料与工具整齐的摆放在操作台上,并以跨立的姿势等待老师下达"操作口令"。

提示

上实训课必须课前穿好实训服及安全鞋,做好操作前准备,有利于安全操作和提高工作效率。

步骤一　粘　尘

提示

要求同前,充分展开后再进行粘尘作业。

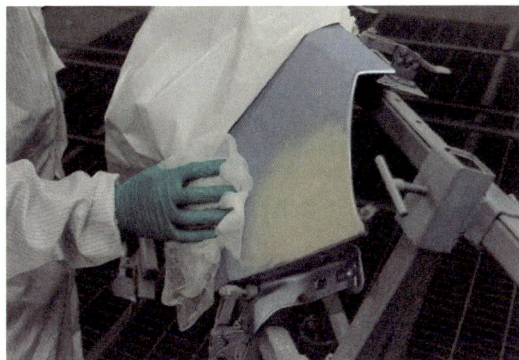

步骤二　喷枪调整

1 调整出漆量。

!提示

对于修补喷涂,根据被涂物的喷涂面积对出漆量做一定的调整,不要全部打开,建议打开 1.5~2 圈。

2 调整喷涂扇面。

!提示

对于修补喷涂,扇面的大小应根据被涂物喷涂表面的形状来调整。不得全部打开,以免喷涂范围过大。建议在试枪纸上做试喷,然后调整喷涂扇面,直至合适大小。

3 调整喷涂气压。

!提示

对于修补喷涂,由于出漆量、喷涂扇面均减小,故应适当地降低气压,使喷涂雾化效果最佳。

4 试枪。

!提示

在修补喷涂时,需多次调整、多次试枪,以达到最佳的喷涂效果。

步骤三　喷涂中涂底漆

1 修补中涂底漆第一层喷涂过程。

⊕**提示**

（1）修补喷涂时通常喷涂三个中涂涂层，且每一个涂层要大于或小于上个涂层。不能每次喷涂大小都一样，以免边缘过渡不佳。

损伤的区域
第一次喷涂
第二次喷涂
第三次喷涂

（2）第一层是对底涂层起到封闭的作用，因此要喷得薄一些（屏蔽涂层），起到隔离的作用。不得喷涂得太厚、太湿，以免溶剂渗到旧涂层引起隆起。

（3）为达到一个薄层，走枪速度加快。注意起枪与收枪的位置，避免喷涂范围过大。

2 第一层中涂底漆喷涂后的效果。

3 喷涂第二层中涂底漆。

⊕**提示**

（1）第二层中涂底漆要求足够湿润，以起到填充的作用。

（2）喷涂范围大于第一层。

（3）修补喷涂可采用弧形喷涂手法，使边界过渡平顺。

4 第二层中涂底漆喷涂后的效果。

5 喷涂第三层中涂底漆。

提示

（1）待第二层中涂底漆完全闪干时，喷涂第三层中涂底漆，要求足够湿润，以起到填充的作用。

（2）喷涂范围大于第二层。

6 第三层中涂底漆喷涂后的效果。

提示

修补喷涂后，要求遮蔽纸上没有明显的涂料，换言之在喷涂过程中，不得将涂料喷涂到遮蔽纸上，以免产生"硬边"，出现"台阶"。

7 取下遮蔽纸后的效果。

8 整理喷涂气管。

!提示

操作结束后,需及时清洁操作区域,以方便下位同学练习。

9 清洗喷枪。

!提示

双组分中涂底漆、环氧底漆在喷涂结束后,需立即清洗喷枪,以备下次使用,具体清洗方法详解项目四。

实训内容五　中涂底漆打磨

操作前准备

参训学生穿好工作服、安全鞋,将操作时用到的材料与工具整齐的摆放在操作台上,并以跨立的姿势等待老师下达"操作口令"。

!提示

上实训课必须课前穿好实训服及安全鞋,做好操作前准备,有利于安全操作和提高工作效率。

步骤一 打磨前作业

1 检查中涂底漆漆面。

⚠️ **提示**

（1）检查漆面是否有流挂、粗糙等情况。

（2）经检查，该中涂底漆漆面状况良好，无喷涂缺陷，故只需用 P400 ~ P500 干磨砂纸打磨即可，不需要进行其他打磨、整平作业。

2 穿戴防护用品。

⚠️ **提示**

技术标准与要求详见项目一。

步骤二 打磨中涂底漆

1 抹涂打磨指示剂（炭粉）。

⚠️ **提示**

在中涂底漆上均匀抹涂一层炭粉，以方便检查橘纹是否打磨平整。

2 选择打磨头及软垫。

⚠️ **提示**

选择 3 号打磨头，增加打磨软垫后，能使砂纸更加贴合待打磨的表面，更容易将橘纹磨平。

3 粘贴打磨软垫。

提示

粘贴时将打磨软垫孔与吸尘孔对准。

4 选择 P400 干磨砂纸。

5 粘贴砂纸。

提示

粘贴时,将砂纸的孔与吸尘孔对准。

6 启动打磨机。

提示

将打磨机启动开关指向"AUTO"挡,即自动吸尘挡。

7 用 P400 砂纸打磨中涂底漆。

（1）为提高作业效率，可先用 P400 砂纸预打磨中涂底漆，再用 P500 砂纸打磨中涂底漆，使打磨痕迹更加细腻。

（2）先用 P400 砂纸打磨不但可以提高作业效率，而且还可以将中涂底漆层打磨得更加平整。该道打磨工序只要求快速地过一遍即可。注意边角部位不需要打磨。

（3）打磨过程中，打磨头平放，不得在打磨头上施加压力，一方面可以避免中涂底漆打磨过度、磨穿，另一方面也可使打磨后的中涂层更加平整。

正确的打磨方法，未在打磨头上施加压力。

8 用 P400 砂纸预打磨后的效果。

错误的示范，打磨软垫已经变形，说明在打磨头上施加压力，导致打磨后漆面不平整。

9 再次抹涂打磨指示剂（炭粉）。

10 用 P500 砂纸打磨中涂底漆。

🔴 **提示**

（1）务必将打磨头与工件充分接触后，再启动打磨头。

（2）打磨过程中，只要将打磨头放在被打磨表面上左右移动即可，不需要对打磨头施加压力，以免过度打磨。

11 手工打磨过程。

🔴 **提示**

（1）打磨头难以磨到的部位、边角部位等可用 P500 砂纸手工打磨。

（2）要求手工打磨时一定要轻，以磨去橘纹为主，不得用力打磨，以免留下过粗的砂纸痕。

（3）打磨时应分区块打磨，应从左往右、从上往下依次打磨，对此类翼子板，可以根据筋线将打磨区域分为上、中、下三个板块。

（4）为提高打磨效率，尽量一次打磨过的地方就符合标准，故在打磨过程中，一边打磨一边检查。避免来回多次打磨，降低工作效率。

13 用无纺布擦去工件上多余的粉尘。

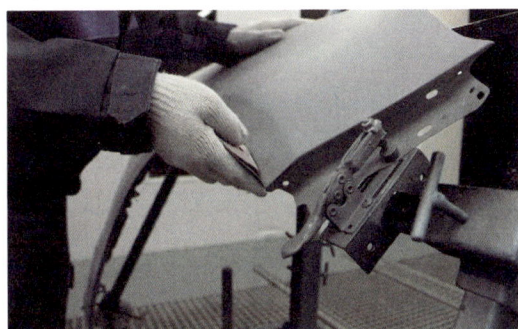

12 用灰色菜瓜布打磨中涂底漆。

步骤三　清洁除油

> **⚠ 提示**
>
> （1）打磨整个表面。
> （2）通过灰色菜瓜布的打磨，去除手工打磨留下的痕迹。

1 更换防护用品。

> **⚠ 提示**
>
> 技术标准与要求详见项目一。

2 除油。

> **⚠ 提示**
>
> 如果底色漆为水性漆，还需进行水性除油剂的清洁。

4 整理操作工位。

🔔 提示

操作结束后，需及时清洁操作台面，以方便下位同学练习。

3 中涂底漆打磨后的效果。

🔔 提示

要求表面光滑、无污，边角部位无残余粉尘，中涂层漆面橘纹磨透（无碳粉残留）、无脏污。

八、考核标准

中涂底漆喷涂前处理考核评分表（满分100分）

姓名_____   完成时间_____

考核时间	序号	项　　目	配分	评 分 标 准	得分
20min	1	安全防护	18	未按要求穿工作服（喷漆服）扣3分	
				未按要求穿安全鞋扣3分	
				未按要求戴防毒（尘）口罩扣3分	
				未按要求戴防护眼镜扣3分	
				未按要求戴工作帽扣3分	
				未按要求戴棉纱（抗溶剂）手套扣3分	

续上表

考核时间	序号	项　　目	配分	评　分　标　准	得分
20min	2	打磨过程	30	打磨前未清洁、除油扣5分	
				打磨前未检查电泳层扣5分	
				砂纸选择错误扣5分	
				打磨头选择错误扣5分	
				打磨方法不正确扣5分	
				打磨后未清洁、除油扣5分	
	3	打磨效果	40	橘纹未打磨透每处扣4分	
				缺陷部位未打磨平顺每处扣4分	
	4	5S管理	12	打磨完毕后物品未复位、台面未清洁扣1~12分	
		合计分数	100		

中涂底漆、环氧底漆调配考核评分表(满分100分)

姓名_____　　完成时间_____

考核时间	序号	项　　目	配分	评　分　标　准	得分
20min	1	安全防护	12	未按要求穿工作服(喷漆服)扣2分	
				未按要求穿安全鞋扣2分	
				未按要求戴防毒口罩扣2分	
				未按要求戴防护眼镜扣2分	
				未按要求戴工作帽扣2分	
				未按要求戴抗溶剂手套扣2分	
	2	环氧底漆调配过程	40	使用前未查看使用手册扣2分	
				倒漆前环氧底漆未进行搅拌扣4分	
				调漆杯选择不正确(调漆杯直径上下不一样)扣4分	
				调漆尺选择不正确(与油漆品牌不同)扣4分	

续上表

考核时间	序号	项　　目	配分	评 分 标 准	得分
20min	2	环氧底漆调配过程	40	倒完漆后未对漆罐进行清洁扣4分	
				稀释剂型号选择不正确扣4分	
				固化剂型号选择不正确扣4分	
				环氧底漆与稀释剂、固化剂配比不正确扣4分	
				环氧底漆与稀释剂、固化剂未充分搅拌扣4分	
				调漆尺未及时清洁扣4分	
				喷枪与喷壶安装方法不正确扣2分	
	3	中涂底漆调配过程	40	使用前未查看使用手册扣2分	
				倒漆前中涂底漆未进行搅拌扣4分	
				调漆杯选择不正确(调漆杯直径上下不一样;水性漆采用金属调漆杯)扣4分	
				调漆尺选择不正确(与油漆品牌不同)扣4分	
				倒完漆后未对漆罐进行清洁扣4分	
				稀释剂型号选择不正确扣4分	
				固化剂型号选择不正确扣4分	
				中涂底漆与稀释剂、固化剂配比不正确扣4分	
				中涂底漆与稀释剂、固化剂未充分搅拌扣4分	
				调漆尺未及时清洁扣4分	
				喷枪与喷壶安装方法不正确扣2分	
	4	5S管理	8	调配完毕后物品未复位、台面未清洁扣1~8分	
		合计分数	100		

环氧底漆、中涂底漆喷涂考核评分表(满分100分)

姓名＿＿＿＿＿　　完成时间＿＿＿＿＿

考核时间	序号	项目	配分	评分标准	得分
30min	1	安全防护	18	未按要求穿工作服(喷漆服)扣3分	
				未按要求穿安全鞋扣3分	
				未按要求戴防毒口罩扣3分	
				未按要求戴防护眼镜扣3分	
				未按要求戴工作帽扣3分	
				未按要求戴抗溶剂手套扣3分	
	2	环氧底漆喷涂	12	喷涂前未粘尘扣2分	
				粘尘方法不正确扣2分	
				未调整出漆量或调整不正确扣2分	
				未调整喷幅或调整不正确扣2分	
				未调整气压或调整不正确扣2分	
				未进行试枪或试枪方法不正确扣2分	
	3	中涂底漆喷涂	10	未调整出漆量或调整不正确扣2分	
				未调整喷幅或调整不正确扣2分	
				未调整气压或调整不正确扣2分	
				未进行试枪或试枪方法不正确扣2分	
				层与层之间未充分闪干扣2分	
	4	环氧底漆喷涂效果	20	喷涂太薄,未形成一个连续薄层扣7分	
				喷涂太厚,形成湿喷扣7分	
				漏喷每处扣2分	
	5	中涂底漆喷涂效果	30	中涂流挂每处扣5分	
				中涂漏喷每处扣5分	
				表面粗糙视情况扣1~10分	
	6	5S管理	10	喷涂完毕后物品未复位、台面未清洁扣1~10分	
		合计分数	100		

中涂底漆打磨考核评分表(满分100分)

姓名_____   完成时间_____

考核时间	序号	项　目	配分	评 分 标 准	得分
30min	1	安全防护	18	未按要求穿工作服(喷漆服)扣3分	
				未按要求穿安全鞋扣3分	
				未按要求戴防尘(毒)口罩扣3分	
				未按要求戴防护眼镜扣3分	
				未按要求戴工作帽扣3分	
				未按要求戴棉纱(抗溶剂)手套扣3分	
	2	打磨中涂底漆	20	打磨前未检查中涂底漆喷涂状况扣2分	
				未抹涂炭粉扣1分,抹涂不够均匀扣1分	
				打磨头选择错误扣2分	
				砂纸型号选择错误扣5分	
				干磨机开启不正确扣2分	
				打磨时方法不正确扣2分(打磨头未平放、打磨头运行方向不正确)	
				未使用菜瓜布打磨边角扣2分	
				菜瓜布型号选择不正确扣2分	
				打磨后未吹尘扣2分	
				未除油扣2分	
	3	打磨后效果	50	打磨未彻底每处扣5分	
				磨穿每处扣5分	
				有打磨痕迹每处扣5分	
	4	5S管理	12	打磨完毕后物品未复位、台面未清洁扣1~12分	
		合计分数	100		

项目七　面漆的施工

一、项目说明

1.概述

面漆是指涂于工件最外层的漆膜,是涂层组合中唯一可见的部分,起着装饰、标志、保护底材的作用。它直接与各种气候条件及有害物质接触,是阻挡侵蚀的第一层。首先,耐候性是面漆的一项重要指标,要求面漆在极端温变湿变、风雪雨雹的气候条件下不变色、不失光、不起泡和不开裂。其次,外观是面漆的另一项指标,要求漆膜外观丰满、橘皮均匀、流平好、鲜映性好,从而使汽车车身具有高质量的外观。另外,面漆还应具有足够的硬度、抗石击性、耐化学品性、耐污性和防腐性等性能,使汽车外观在各种条件下保持不变。面漆可以使汽车表面呈现出五颜六色的色彩,也可使汽车焕然一新。

2.面漆的分类

面漆的分类方法很多,按颜色效果可分为素色漆、金属漆;按成膜方式可分为溶剂挥发型、氧化型和交联反应型;按施工工序可分为单工序、双工序和三工序等。

素色漆又称纯色漆,指油漆成分中不含颗粒颜料,常见的有白色、黑色、红色、黄色等。

顾名思义,金属漆是在油漆的成分中添加了金属颗粒,这些颗粒通常是铝片、云母片等。根据含量的比例不同金属漆包括纯银粉漆、纯珍珠漆、银粉漆里含有一定量珍珠和纯色漆的底色漆。

纯银粉漆是由无数块不透明的灰色铝片组成,当太阳光照射到漆面上时,只能反射出单一的灰色调;而纯珍珠漆里含有许多不同厚度的、半透明的云母片,由于云母片自身具有半透明性,所以当太阳光照射到它上面后,会经过多次折射,最终反射出来的光束会产生多彩的效果;通常二层喷涂的金属底色漆是将珍珠色母、银粉色母和纯色色母按一定比例混合而成的,银粉颜料在底色漆内会遮挡住大部分能产生珍珠色彩效果的色母,所以珍珠色彩不明显。这类含有珍珠的底色漆在强光下才能看到珍珠效果,在暗光下只能看到银粉效果。如果在强光下看不到五颜六色的反射光,就说明漆面里不含珍珠。

单工序面漆指喷涂一种涂料即完成颜色供给及光泽的面漆。常见于素色漆,且其成膜方式为交联反应型。

双工序面漆指喷涂两种不同的涂料才能完成颜色供给及光泽的面漆,通常是先喷涂底色漆,然后再喷涂罩光清漆。常见于金属色漆,双工序素色漆,且成膜方式为溶剂挥发型。

三工序面漆则更为复杂,如三工序珍珠漆通常先喷一层底色漆,以提供一定的颜色,然后再喷涂一层珍珠漆,最后再喷涂罩光清漆,三个涂层结合才能形成完整的面涂层。常见于白珍珠漆、红珍珠等,成膜方式为溶剂挥发型。

3. 水性漆

水性漆是以去离子水为主要溶剂、挥发性有机化合物(VOC)含量较低的绿色环保产品,优点是对环境、人类健康的危害性比较小,且不易燃。传统的油漆则以有机溶剂为主,含有较多的挥发性有机化合物。目前,使用得较好的溶剂型底色漆的VOC约为750g/L,溶剂型清漆的VOC约为560g/L,而水性底色漆的VOC为100g/L。水性底色漆中所含的VOC为10%左右,而溶剂型底色漆中所含的VOC达70%。

水性漆的施工工艺、施工设备因不同的品牌有所差异。相较溶剂型涂料,虽然水性漆的稀料是去离子水,自然挥发得比较慢,但其在施工过程中可以用专用的吹风筒对漆面进行强制吹干,而溶剂型涂料则不能,故漆面闪干速度远快于溶剂型涂料,从而提高了工作效率。由于水性漆的遮盖率比溶剂型涂料更好,故更加省漆,使用水性漆大约可节约30%涂料的用量,提高工作效率;颜色稳定性好,不易喷花,修补方便,不容易出现黑圈。

4.面漆的施工

面漆施工是汽车修补涂装最后一个环节,也是用户评价修理质量的客观依据。因此掌握面漆喷涂过程的各种要领是汽车修补涂装作业者应具备的基本技能。以双工序金属漆为例,面漆的施工可以分底色漆调配、清漆调配、底色漆喷涂、清漆喷涂。

1)底色漆调配

(1)将底色漆充分搅拌,并按产品使用手册添加一定比例的稀释剂。稀释剂的选择应根据被涂物面积、施工周围环境温度,来确定使用快干、标准或者慢干。

(2)搅拌底色漆与稀释剂,使其充分混合。

2)清漆调配

(1)选择一定量的清漆,并按产品使用手册添加一定比例的固化剂、稀释剂。稀释剂、固化剂的选择应根据被涂物面积、施工周围环境温度,来确定使用快干、标准或者慢干。

(2)搅拌清漆、稀释剂和固化剂,使其充分混合。

3)底色漆喷涂

(1)建议选择环保省漆面漆喷枪进行喷涂作业。

(2)使用粘尘布对被涂表面进行粘尘。

(3)调整喷枪出漆量、喷幅、气压,检查风帽,试枪,查看喷枪是否调整到最佳状态。喷枪的调整对喷涂最终效果起着决定性的作用,非常重要。不同喷枪、不同涂料品牌、不同的施工人员都有所不同,建议查看涂料产品施工说明。

(4)喷涂底色漆,通常是金属漆喷涂三层、素色漆喷涂两层。

第一层喷涂,根据不同颜色的遮盖效果,按30%~70%的颜色遮盖进行喷涂。第一层不能喷涂得太湿。可缩短底色漆自然闪干时间(水性漆可用吹风筒强制吹干),同时可以降低涂料的消耗。

第二层喷涂,待第一层完全闪干后,方可喷涂第二层。均匀的喷涂一个湿涂层,达到对底材100%的遮盖,起到颜色供给的作用。

第三层喷涂,待第二层完全闪干后,方可喷涂第三层。最后一层为效果层,喷涂时可加大喷枪和工件之间的距离,提高走枪速度;也可在喷涂距离、喷涂速度不变的情况下减少出漆量。该层的喷涂方法是模仿原厂漆最后一道的喷涂,对颜色匹配和最后涂层效果起到非常重要的作用。

4)清漆喷涂

(1)建议选择环保省漆面漆喷枪进行喷涂作业。

(2)调整喷枪的出漆量、喷幅、气

压,检查风帽,试枪,查看喷枪是否调整到最佳状态喷枪的调整对喷涂最终效果起着决定性的作用,非常重要。不同喷枪、不同涂料品牌、不同的施工人员,喷涂效果会有所不同,建议查看涂料产品施工说明。

(3)清漆喷涂,待底色漆完全闪干后,方可喷涂清漆,通常喷涂两层。

第一层喷涂,中湿喷,使漆面有一定的光泽,不可太湿,可减少闪干时间,提高施工效率。

第二层喷涂,待闪干5～10min后,可用手指做指触测试(在遮蔽纸区域或不是装饰面做指触测试),待清漆不拉丝后方可喷涂第二层清漆,湿喷,使漆面光亮、饱满。

二、技术标准与要求

(1)正确选择及穿戴个人防护用品。

(2)选择合适面漆喷枪喷涂底色漆、清漆。

(3)底色漆、清漆调配比例详见产品使用手册。

(4)根据施工周围温度选择对应的固化剂、稀释剂:室温在15℃以下时,用快干;室温为15～25℃时,用标准;室温在25℃以上时,用慢干。

(5)使用文丘里吹风筒时,角度为45°,距被涂物表面建议为30～80cm。

(6)底色漆施工时,层与层之间必须闪干。

(7)喷涂后,底色漆不发花、无露底;清漆层光滑无流挂、无失光、饱满、纹理均匀。

(8)废弃物正确处理。

(9)安全操作。

三、实训时间

实训时间:40min。

四、实训教学目标

(1)了解面漆的作用、分类;

(2)掌握底色漆喷涂技能;

(3)掌握清漆喷涂技能。

五、实训器材

空气压缩机

烤房

工件

喷枪

吹尘筒

防护用品

粘尘布

色漆及清漆

六、教学组织

1.教学组织形式

实训教师 1 名,学生 16 名,4 个工位。每个工位 4 名学生实训,一位学生操作,其他学生观察、记录。

2.学生站位分工和要求

学生按规定的工位站立,按教师的指令进行独立的操作。

3.实训教师职责

安排学生工位,讲解操作步骤和注意事项,下达"操作开始"口令,工位巡视(检查、指导和纠正错误)。

4.学生职责

认真完成教师布置的任务;做好课后清洁、整理工作。

七、操作步骤

操作前准备

参训学生穿好连体防静电喷漆服、安全鞋,将操作时用到的材料与工具整齐的摆放在操作台上,并以跨立的姿势等待老师下达"操作口令"。

！提示

上实训课必须课前穿好实训服及安全鞋,做好操作前准备,有利于安全操作和提高工作效率。

实训内容　面漆喷涂(水性漆)

步骤一　水性底色漆调配

1 穿戴防护用品。

！提示

技术标准与要求详见项目一。

2 查看产品使用手册,并找到底色漆与稀料的比例。

⚠️ **提示**

此次实训使用的是 PPG Aquabase plus 水性底色漆,经查询,双工序银粉底色漆与稀释剂的比例为 1:(10% ~ 15%)(质量比)。

根据色漆种类不同 Aquatase FLUS 水性漆的稀释比例应参见下表:

类型	色漆	稀释剂
双工序纯色漆	1	10%
三工序珍珠漆的纯色层	1	10%
配方中银粉含量较少,远远少于纯色色母用量的	1	10%
含大量珍珠色母的双工序底色漆	1	10%
双工序银粉漆珍珠漆	1	10% ~ 15%
三工序珍珠漆的珍珠层	1	30%

(视色漆遮盖效果、气温和温度的影响。稀释剂使用量可能在 10 ~ 30 份之间浮动)

续上表

🔲	色漆的黏度会因添加的稀释剂量的不同而变化,理想喷涂黏度为 20℃时 DIN4 杯 22 ~ 26s 推荐 125μm 网眼尼龙过滤器 稀释后使用寿命: 色漆调配后保存期:12 个月;色漆稀释后保存期:3 ~ 6 个月
🔲	喷枪口径:1.25 ~ 1.3mm 标准工艺:喷涂单层直到达到足够的遮盖力。层间充分闪干。喷涂闪烁效果颜色时,在干膜上喷涂一薄单层,控制银粉排列
🔲	闪干直到得到均匀干燥的漆膜。 如必要,使用助空气流通设备来加速漆膜干燥,如气流促进机、地轴架和专用手持吹风枪
🔲	喷涂清漆或珍珠前,静置至漆膜完全干燥 覆盖喷涂:仅推荐使用 Nexa Autocolor 双组分清漆

3 将喷壶放置电子秤上,并按"归零"键。

4 轻轻晃动漆罐。

此款水性漆有抗沉淀技术,在使用时不需要搅拌,只要轻轻晃动几下即可。

5 将底色漆倒入喷壶内。

6 倒入喷壶内底色漆的质量为100g。

7 清洁浆盖。

每次倒完漆后需清洁浆盖。

8 添加稀释剂。

9 根据产品使用手册,添加15g的稀释剂。

10 用调漆尺搅拌底色漆。

将底色漆与稀释剂搅拌均匀,搅

拌时调漆尺可以有意地沿喷壶壁来回刮涂,使喷壶壁上的油漆也能充分地搅拌。

11 清洁调漆尺,以备下次使用。

12 将喷壶盖子盖上。

提示

将喷壶盖与喷壶对准后用力往下压,然后以顺时针方向旋紧。

13 将喷枪装上。

提示

左手固定喷壶,右手持枪,将螺纹口对准后,往顺时针方向拧紧。

14 清洁工位。

提示

如有涂料滴在操作台面上,用稀释剂擦洗干净。

步骤二　清漆的调配

1 参训学生穿好连体防静电喷漆服、安全鞋,将操作时用到的材料与工具整齐的摆放在操作台上,并以跨立的姿势等待老师下达"操作口令"。

提示

　　上实训课必须课前穿好实训服及安全鞋,做好操作前准备,有利于安全操作和提高工作效率。

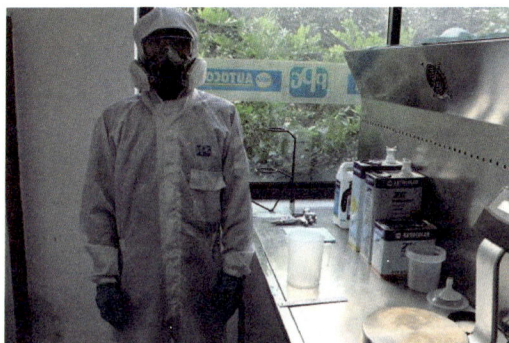

2 查看清漆产品使用说明。

提示

　　此次实训使用的是 Autocolor 品牌 P190-6850 极品清漆。

P190-6850 2K 极品清漆

产品特性

　　P190-6850 是 Nexa Autocoior 面向全球高端汽车修补市场推出的高浓度高品质的顶级丙烯酸清漆产品,享有国际市场一致认可及广泛赞誉! 产品镜面效果出众,令人满意,是高档修补的不二之选!

包装:5L

	标准工艺	
固化剂	各种类型修补 P210-8430/844	
	P190-6850	2 份
	P210-8430/844	1 份
	P850-2K 稀释剂	0% ~5%

续上表

	20℃ DIN4 杯 17 ~ 18s (21 ~ 24s BSB4); 20℃混合后使用 寿命:2 ~ 4h
	1.3 ~ 1.4mm 2.0 ~ 3.0bar
	两个单层
	涂层间闪干 5 ~ 10min,烘烤前无需静置
	金属温度 60℃烘烤:30min 可投入使用:完全冷却
注意	按气温和修补面积的大小选用合适的固化剂或稀释剂

3 将调漆尺放入调漆杯中。

4 将清漆倒入调漆杯中。

5 倒入适量的清漆。

⚠️ **提示**

调配好的清漆需在活化期后内使用,所以每次喷涂前需估计清漆的用量,以免造成浪费。

6 添加固化剂。

⚠️ **提示**

根据清漆产品说明书的正确比例添加固化剂。

7 倒入对应的固化剂。

8 添加稀释剂。

⚠️ **提示**

根据产品使用说明书的正确比例添加稀释剂。

9 倒入对应的稀释剂。

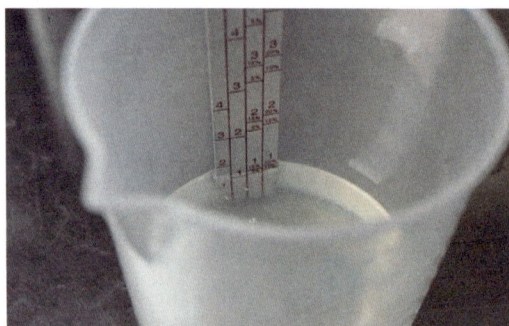

10 用调漆尺搅拌涂料。

⚠️ **提示**

将调漆杯内的清漆、固化剂、稀释剂搅拌均匀。

11 清洁调漆尺。

🟢 **提示**

调漆尺使用后需及时清洁调漆尺，以备下次使用。

12 将调配好的清漆倒入喷壶。

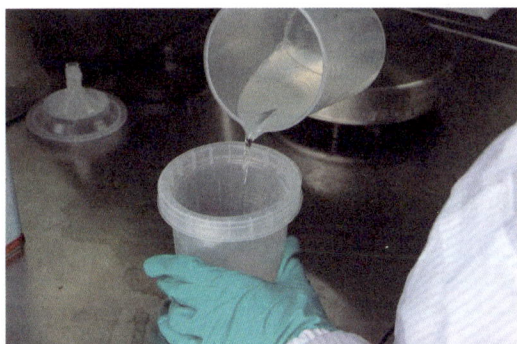

13 将喷壶盖子盖上。

🟢 **提示**

将喷壶盖子与喷壶对准后用力往下压，然后以顺时针方向旋紧。

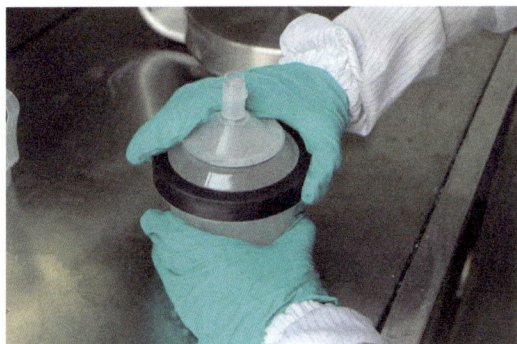

14 将喷枪装上。

🟢 **提示**

左手固定喷壶，右手持枪，将螺纹口对准后，往顺时针方向拧紧。

15 清洁工作台面。

🟢 **提示**

如有涂料滴在工作台面上，用抹布沾少许稀释剂擦拭。

步骤三　水性底色漆喷涂

1 做好喷涂前准备。

🟢 **提示**

（1）将经过前处理待被喷涂物装夹在喷涂架上，清洁除油。

(2)查看产品使用说明,了解水性漆施工方法。

水性底色漆喷涂方法

常规颜色(遮盖力强)喷涂方法

下述方法针对 SATA jet 3000 B HVLP WSB 喷枪。

喷涂方法		纯底色(除红/黄)	珍珠或银粉	
喷涂	层数	双层	双层	单层
	方式	半干 半湿	半干 半湿	雾喷
	强制闪干	— 吹干	— 吹干	吹干
调枪	出漆量	打开2圈	打开2圈	打开1圈
	扇面	*打开1/4(四分之一)	*打开1/4(四分之一)	全部打开
	气压	1.3~1.5bar	1.3~1.5bar	1.1~1.2bar

注:*如针对 SATA jet 4000 B HVLP WSB 喷枪时,扇面打开3/4。

2 粘尘。

🔔 提示

粘尘方法详见已学知识。

3 调整喷枪出漆量。

🔔 提示

根据产品使用说明,将出漆量调整至最大。

4 调整喷枪喷幅。

🔔 提示

根据产品使用说明:将喷幅打开至最大,再返回至3/4。

5 调整气压。

!提示

根据产品使用说明:将气压调整至130~150kPa。

6 检查风帽是否在最合理的位置。

!提示

将风帽调整至与地面平行状态。

7 进行喷幅测试。

!提示

测试喷幅并查看喷枪是否调整至最佳的雾化状态。

8 喷涂底第一层底色漆。

!提示

(1)要求雾喷即半湿喷涂;喷涂顺序为先喷涂边缘后喷面。

注:雾喷的定义,即喷涂后能透过底色漆看到底层涂层的颜色,为完全遮盖底材。

(2)喷涂时,站立非常重要。通常持枪手正好对准被涂物正中间位置,以便能兼顾工件的两头。喷嘴与工件垂直,以重叠1/2的喷幅,依次从上往下喷涂。

（3）第一层喷涂完毕。要求涂膜达到半亚光效果。根据底色漆的遮盖能力，使第一层遮盖率达30%～70%。

9 吹风筒吹干底色漆。

!提示

（1）吹风筒利用文丘里原理，除了压缩空气供给的压缩空气，还从周围环境吸入大量的空气，提高漆面空气流动的速度，可快速有效地吹干漆面，大大缩短闪干时间。

（2）操作要点：吹风筒与工件的距离应控制为30～80cm、以工件上方斜45°角吹向工件，这样工作效率最高。

10 喷涂第二层底色漆。

!提示

（1）在确保第一层漆面完全闪干后，便可喷涂第二层底色漆。目测漆面完全呈亚光状；也可指触测试。

（2）喷涂顺序：先边后面。

（3）喷涂要求：严格按照喷涂的四个要素进行喷涂，底色漆要求100%完全遮盖住底材。

（4）第二层喷涂完毕。要求涂膜覆盖均匀、中等程度湿润、底色漆100%遮盖住底材。

11 吹风桶吹干。

提示

（1）操作方法及要求如上。

（2）吹干后仔细检查漆面，如底材还未完全遮盖，还需喷涂一个中湿层，直至完全盖住为止。反之则可进行效果层喷涂。

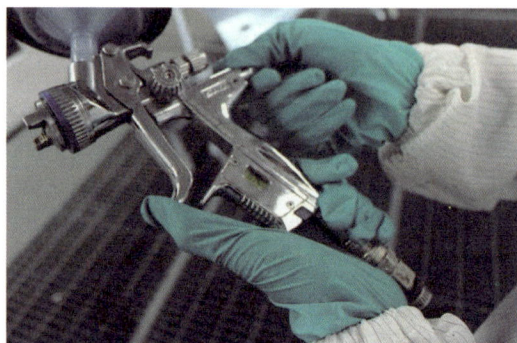

12 喷涂效果层。

提示

（1）按涂料施工说明，调整出漆量调至1圈的余量。

（4）要求：干喷。效果层作用：模仿原厂最后一道喷涂方法，使漆面银粉的排列与原厂漆一致；改善第二层轻微起云的缺陷。

（2）将喷幅打开至最大。

（5）方法：适当增加喷涂距离，减少喷幅重叠，枪速均匀喷涂。

（3）将气压调整为 1.1～1.2bar。

13 第三层喷涂后的效果。

提示

（1）喷涂后即呈现哑光状。

（2）漆面银粉颗粒感闪烁，排列均匀，不起云。

步骤四 喷涂清漆

1 检查底色漆是否完全干燥。

提示

（1）目测检查：多个角度观察底色漆是否完全闪干，必须目测完全亚光。

（2）指触检查：用手指接触底色漆后，不发黏。注意应在非装饰面上进行测试。

2 喷枪调节。

提示

（1）将出漆量调至最大。

（2）将喷幅调整至最大。

（3）将气压调整至2bar。

3 喷幅测试。

🔴 **提示**

如符合喷涂要求即可施工，反之需重新调整。

4 喷涂第一层清漆。

🔴 **提示**

（1）喷涂顺序：先喷涂边缘后喷面。

（2）喷涂方法：按照喷涂四要素进行喷涂，喷幅重叠2/3以上。

（3）喷涂要求：一个中湿层。太干会导致漆面粗糙，影响光泽度；太湿会延长闪干时间，降低工作效率，且易流挂。

（4）第一层喷涂完毕。要求有一定的光泽，整体橘纹均匀。

5 喷涂第二层清漆。

提示

（1）通常闪干5min后用指触测试判断是否可以喷涂下一层。方法：手指轻按清漆层（非装饰区），提起来，不会出现拉丝状态时便可喷涂下一层清漆。

（2）第二层清漆必须要全湿层，使整个工件的边缘及正面部位均要有良好的光泽度、丰满度。若湿度不足，会降低漆面的流平性，造成橘纹严重等缺陷。

（3）未避免造成边缘厚边，建议在第一遍边缘已经喷涂的情况下，第二遍可不必再进行边缘喷涂。

（4）第二层喷涂完毕，要求漆面光滑、饱满、橘纹均匀、无漏枪、无流挂。

7 清洗喷枪。

⚠️ **提示**

养成良好的工作习惯,喷涂结束后应立即将喷枪清洗干净,以备下次使用。

6 整理操作工位。

⚠️ **提示**

操作结束后,需及时清洁操作台面,以备下位同学练习。

八、考核标准

面漆喷涂考核评分表(满分100分)

姓名_____ 完成时间_____

考核时间	序号	项　　目	配分	评 分 标 准	得分
30min	1	安全防护	12	未按要求穿工作服(喷漆服)扣2分	
				未按要求穿安全鞋扣2分	
				未按要求戴防毒口罩扣2分	
				未按要求戴防护眼镜扣2分	
				未按要求戴工作帽扣2分	
				未按要求戴抗溶剂手套扣2分	

续上表

考核时间	序号	项　目	配分	评分标准	得分
30min	2	底色漆喷涂	24	喷涂前未粘尘扣2分	
				粘尘方法不正确扣2分	
				未调整出漆量或调整不正确扣4分	
				未调整喷幅或调整不正确扣4分	
				未调整气压或调整不正确扣4分	
				未进行试枪或试枪方法不正确扣4分	
				层与层之间未充分闪干扣4分	
	3	清漆喷涂	12	喷涂清漆前未判断底色漆是否干燥扣2分	
				未调整出漆量或调整不正确扣2分	
				未调整喷幅或调整不正确扣2分	
				未调整气压或调整不正确扣2分	
				未进行试枪或试枪方法不正确扣2分	
				层与层之间未做指触测试扣4分	
	4	喷涂效果	40	底色漆起云发花扣1~5分	
				底色漆露底扣1~5分	
				底色漆咬底扣1~5分	
				清漆流挂扣1~5分	
				清漆失光扣1~5分	
				清漆纹理不均匀扣1~5分	
				砂纸痕扣1~5分	
				鱼眼、油点扣1~5分	
	5	5S	12	喷涂完毕后物品未复位、台面未清洁扣1~12分	
合计分数			100		

项目八　板块内过渡喷涂

一、项目说明

1.概述

随着汽车工业的不断发展,车辆用漆也从早期单一的素色漆演变成现在复杂的银粉漆、珍珠漆、幻彩漆等。高银粉、珍珠含量的涂料能使汽车外观更加闪亮、艳丽,提升了汽车的商品价值,但随之也增加了漆面调色、维修的难度。为使修补部位与周围未修补区域的颜色达到无差异的视觉感觉,除了依靠颜色的调配技术来实现外,同时也要运用合理的喷涂技术来保证完美的无痕修复。所以,作为一名汽车漆面修复工作者,必须要掌握不同的喷涂技术。

理论上要使车漆颜色调配至完全相同是不可能的,特别是对于高银粉含量颜料的颜色。克服颜色差异的办法是驳口渐淡喷涂方法,以及向相邻的板块做驳口喷涂,我们将这种方法称为"过渡修补"。采用过渡修补方法比把大量时间耗费在颜色微调上显得

更省时、更经济、效果更好。

本项目主要以板块内过渡喷涂工艺做详细介绍。

2.驳口工艺

驳口工艺就是将待修补区用底色漆覆盖,而周边的区域采用弧形喷涂手法用非常薄的涂层加以淡化处理,从而使修补区与非修补区之间有过渡,不会形成较大色差对比,使较小的色差不被发现。常用的驳口工艺有板块内过渡与板块间过渡两类。

1)板块内过渡喷涂前处理作业

(1)步骤1:打磨局部喷涂部位。

方法:干磨时,用 P400/P500 干磨砂纸配合偏心距3mm的双动作打磨头研磨中涂底漆区域(局部喷涂部位)。

要求:整平中涂层,将橘纹完全磨

透,勿过度打磨而磨穿中涂层。

(2)步骤2:打磨驳口及其他喷涂部位。

方法:用P1000～P1500号精磨砂棉进行打磨;用水性研磨膏配合灰色菜瓜布(混合清水)进行手工打磨。

要求:打磨后漆面成完全成无光泽状,勿过度打磨,磨穿清漆层。

2)板块内过渡喷涂工艺
需要修补的位置,如图所示。

(1)步骤1:中涂底漆及驳口区域喷涂。

方法:适当降低气压,减少出漆量及喷幅,采用弧形喷涂的手法,将底色漆色完全遮盖中涂底漆区域,并使新、旧色漆在驳口区过渡自然,浑然一体。

(2)步骤2:第一层清漆喷涂区域。
方法:中湿喷涂,无需整板喷涂,只要大于底色漆喷涂的范围即可。

(3)步骤3:第二层清漆喷涂区域。
方法:全湿喷涂,整板喷涂。

二、技术标准与要求

(1)正确选择及佩戴安全防护用品;

(2)正确使用干磨机,打磨头与工件接触后再启动;

(3)选择合适面漆喷枪喷涂底色漆、清漆;

(4)用P320～P500砂纸配合手磨板和3号双动作打磨头打磨中涂层(局部喷涂区);

(5)边角部位用灰色菜瓜布打磨;

(6)用1000号精磨砂棉配合水性研磨膏其他部位旧涂层;

(7)打磨后漆面平整、无橘皮、无磨穿、无划痕、呈亚光状;

(8)底色漆完全遮盖中涂区,驳口区过渡自然,无法看出修补痕迹;清漆层光滑饱满、无流挂;

(9)废弃物正确处理;

(10)安全操作。

三、实训时间

实训时间:40min。

四、实训教学目标

(1)了解驳口工艺的作用;

(2)掌握板块内过渡驳口前处理的技能;

(3)掌握板块内过渡驳口喷涂的技能。

五、实训器材

喷枪

工件

防护用品

砂纸

除油布

除油剂

菜瓜布

粘尘布

水性研磨膏

炭粉

干磨机

空气压缩机

烤房

气枪

油漆

垃圾桶

六、教学组织

1. 教学组织形式

实训教师 1 名,学生 16 名,4 个工位。每个工位 4 名学生实训,一位学生操作,其他学生观察,记录。

2. 学生站位分工和要求

学生按规定的工位站立,按教师的指令进行独立的操作。

3. 实训教师职责

安排学生工位,讲解操作步骤和注意事项,下达"操作开始"口令,工位巡视(检查、指导和纠正错误)。

4. 学生职责

认真完成教师布置的任务;做好课后清洁、整理工作。

七、操作步骤

操作前准备

参训学生穿好工作服、安全鞋,将操作时用到的材料与工具整齐的摆放在操作台上,并以跨立的姿势等待老师下达"操作口令"。

⚠️ **提示**

上实训课必须课前穿好实训服及安全鞋,做好操作前准备,有利于安全

操作和提高工作效率。

实训内容一　驳口前处理

步骤一　中涂底漆处打磨

1 穿戴防护用品。

⚠️ **提示**

技术标准与要求详见项目一。

2 检查工件表面涂层。

⚠️ **提示**

检查涂层表面是否有缺陷或划痕。如有需修复。

3 选择 P320 干磨手刨砂纸。

4 将砂纸粘贴在手刨上,吸尘孔对准。

5 抹涂打磨指示层(炭粉)。

6 启动打磨机。

> **提示**
>
> 将打磨机启动开关指向"MAN"挡,即自动系统常开。

7 手磨整平中涂底层。

> **提示**
>
> 由于底材上有原子灰作业,故需用手刨配合 P320 干磨砂纸对中涂底层进行整平打磨,使原子灰边缘的涂层更加平整。注意只在中涂层的范围内打磨。

8 用 P320 干磨砂纸打磨后的效果。

提示

　要求:整平,无磨穿。

9 再次抹涂打磨指示剂。

10 粘贴打磨软垫。

11 选择 P400 干磨砂纸及 3 号打磨头。

12 粘贴砂纸。

提示

　要求:砂纸吸尘孔与打磨头吸尘孔对准。

13 调整打磨机吸尘模式。

提示

　将打磨机启动开关指向"AUTO"挡,即自动吸尘挡。

14 用 P400 干磨砂纸打磨中涂底漆。

!提示

（1）打磨头与工件接触后再启动。
（2）打磨范围稍大于上层（P320）打磨范围，将中涂底漆与旧涂层的过渡区打磨平顺。
（3）打磨方法详见项目五。

15 用 P400 干磨砂纸打磨后效果。

!提示

要求：用 P400 干磨砂纸打磨后去除 P320 砂纸打磨后的痕迹。

16 再次抹涂打磨指示剂。

17 选择 P500 干磨砂纸。

18 粘贴砂纸。

19 用 P500 干磨砂纸打磨中涂底漆。

⚠ **提示**

（1）打磨头与工件接触后再启动打磨头。

（2）打磨方法与用 P400 砂纸打磨相似。

（3）打磨范围稍大于上层（P400）打磨范围，将中涂底漆与旧涂层的过渡区打磨平顺。

（4）去除 P400 砂纸研磨后的痕迹。

20 用灰色菜瓜布研磨边角部位。

21 用无纺布擦去工件表面打磨后残余粉尘。

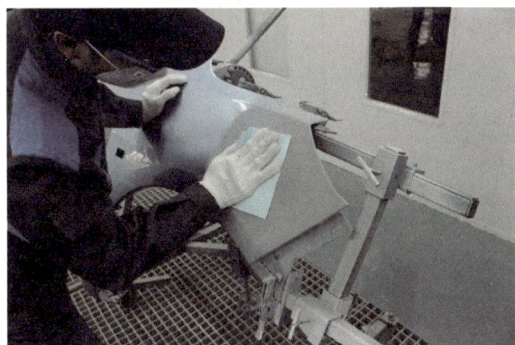

22 中涂底漆层研磨后的效果。

⚠ **提示**

（1）要求中涂底漆层表面光滑、无橘纹，与旧涂层过渡平顺。

(2)打磨范围合理,不得过大。

步骤二 驳口区域及其他喷涂区打磨

1 更换防护用品。

⚠ **提示**

技术标准与要求详见项目一。

2 选择1000号精磨砂棉。

3 将精磨砂棉粘贴在磨垫上。

4 湿润精磨砂棉。

⚠ **提示**

适当湿润,过湿会造成打磨时飞溅。

5 关闭打磨机吸尘功能。

6 打磨。

（1）驳口处理的方法有很多，建议用精磨砂棉配合打磨头进行机磨，效率高。

（2）通过研磨使旧涂层最外层的清漆层橘纹打磨平整，使涂层有一定的附着力，但不得将清漆磨穿。

7 清洁打磨后的漆面。

8 除油。

9 检查打磨效果。

（1）仔细检查打磨后的表面，是否还有光泽、橘纹等。

（2）要求整个表面呈亚光状。

（3）要求中涂底漆与旧涂层过渡平顺、无台阶。

（4）要求中涂底漆层不得磨穿露出原子灰或钢板，如磨穿需重新喷涂中涂底漆。

（5）要求表面无油污等杂质。

10 整理工位。

> **提示**
>
> 操作结束后，将操作台面清洁干净，以方便下位同学操作。

实训内容二 板块内驳口施工
（水性底色漆）

操作前准备

参训学生穿好喷漆服、安全鞋，将操作时用到的材料与工具整齐的摆放在操作台上，并以跨立的姿势等待老师下达"操作口令"。

> **提示**
>
> 上实训课必须课前穿好实训服及安全鞋，做好操作前准备，有利于安全操作和提高工作效率。

步骤一 粘尘

粘尘。

> **提示**
>
> 详见项目六。

步骤二　喷枪调整

1 调整喷枪出漆量。

⚠️**提示**

建议打开 2 圈(不同品牌涂料及喷枪,各参数调整有所区别,详见各产品说明)。

2 调整喷枪喷幅。

⚠️**提示**

建议打开3/4(不同品牌涂料及喷枪,各参数调整有所区别,详见各产品说明)。

3 调整喷枪喷涂压力。

⚠️**提示**

建议 130 ~ 150kPa(1.3 ~ 1.5bar)(不同品牌涂料及喷枪,各参数调整有所区别,详见各产品说明)。

4 调整风帽。

5 试枪检查喷枪喷幅是否调整合适。

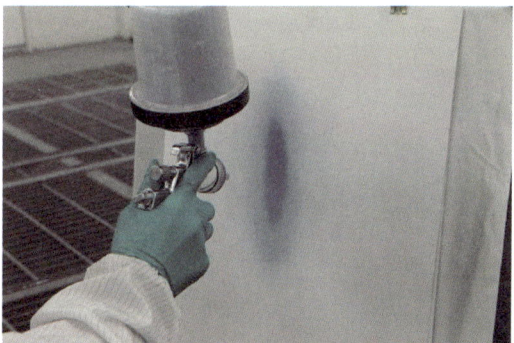

步骤三　底色漆驳口喷涂

1 喷涂第一层底色漆。

提示

采用弧形喷涂的方法,在中涂底漆层上喷涂一个薄层。

2 第一层底色漆喷涂后效果。

3 用吹风筒将底色漆吹干。

4 喷涂第二层底色漆。

提示

(1)喷涂前,确保第一层已完全闪干。

(2)要求喷涂范围大于第一层喷涂的范围。

(3)同样在驳口处采用弧形喷涂的方法,使底色漆颜色渐淡过渡。从而使修补区与未修补区域的颜色相接近。

5 第二层底色漆喷涂后的效果。

!提示

　　要求中湿,将中涂底漆层完全遮盖,驳口过渡区无明显边界。

6 用吹风筒将底色漆吹干。

7 重新调整出漆量。

!提示

　　建议在喷涂第三层效果层时,将出漆量调整至 1 圈(不同品牌涂料及喷枪,各参数调整有所区别,详见各产品说明)。

8 重新调整喷涂喷幅。

!提示

　　建议在喷涂第三层效果层时,将喷涂扇面全部打开(不同品牌涂料及喷枪,各参数调整有所区别,详见各产品说明)。

9 重新调整喷涂气压。

!提示

建议在喷第三层效果层时,将气压调整至 110 ~ 120kPa(1.1 ~ 1.2bar)(不同品牌涂料及喷枪,各参数调整有所区别,详见各产品说明)。

10 喷涂第三层底色漆。

!提示

(1)在底色漆喷涂的区域喷涂一个薄层,使银粉的颗粒更加闪烁,更加接近原厂涂装工艺,达到颜色的匹配。

(2)干喷,喷涂完毕后无光泽,呈亚光状。

11 底色漆喷涂后的效果。

!提示

修补区域与旧涂层融为一体。

步骤四　清漆喷涂

1 调整清漆喷枪出漆量。

💡**提示**

建议打开 2.5 圈。

2 调整清漆喷枪喷幅。

💡**提示**

建议全部打开。

3 调整清漆喷枪喷涂气压。

💡**提示**

建议调整至 200～250kPa（2～2.5bar）。

4 喷涂第一层清漆。

💡**提示**

第一层清漆以遮盖修补区域的底色漆为主，不需要整板喷涂。

5 第一层清漆喷涂后的效果。

提示

　　要求有一定的光泽度，但不需要湿，以免影响闪干时间，降低施工效率。

6 喷涂第二层清漆。

提示

　　(1)待闪干5min后，便可喷涂第二层清漆。

　　(2)要求对整个表面进行喷涂。

7 第二层喷涂后的效果。

提示

　　要求漆面饱满、橘纹均匀、无流挂。

8 整理操作工位。

提示

　　操作结束后，需及时清洁操作台面，以方便下位同学练习。

八、考核标准

驳口前处理考核评分表（满分100分）

姓名_____　　完成时间_____

考核时间	序号	项　　目	配分	评 分 标 准	得分
30min	1	安全防护	18	未按要求穿工作服（喷漆服）扣3分	
				未按要求穿安全鞋扣3分	
				未按要求戴防尘（毒）口罩扣3分	
				未按要求戴防护眼镜扣3分	
				未按要求戴工作帽扣3分	
				未按要求戴棉纱（抗溶剂）手套扣3分	
	2	打磨中涂底漆、旧涂层	20	打磨前未检查旧涂层及中涂底漆喷涂状况扣2分	
				未抹涂炭粉扣1分，抹涂不够均匀扣1分	
				打磨头选择错误扣2分	
				砂纸型号选择错误扣3分	
				干磨机开启不正确扣2分	
				打磨时方法不正确扣2分（打磨头未平放、打磨头运行方向不折正确）	
				未使用菜瓜布打磨边角扣2分	
				菜瓜布型号选择不正确扣2分	
				旧涂层研磨砂纸选择错误扣2分	
				未除油扣2分	

续上表

考核时间	序号	项 目	配分	评 分 标 准	得分
30min	3	打磨后效果	50	中涂底漆区域还有橘纹每处扣2分,共10分,扣完为止	
				旧涂层区域还有橘纹每处扣2分,共10分,扣完为止	
				磨穿每处扣5分,共15分,扣完为止	
				有打磨痕迹每处扣5分,共15分,扣完为止	
	4	5S管理	12	打磨完毕后,物品未复位、台面未清洁扣1~12分	
合计分数			100		

驳口喷涂考核评分表(满分100分)

姓名_____ 完成时间_____

考核时间	序号	项 目	配分	评 分 标 准	得分
30min	1	安全防护	18	未按要求穿工作服(喷漆服)扣3分	
				未按要求穿安全鞋扣3分	
				未按要求戴防尘、防毒口罩扣3分	
				未按要求戴防护眼镜扣3分	
				未按要求戴工作帽扣3分	
				未按要求戴棉纱、抗溶剂手套扣3分	
	2	底色漆过渡施工	14	喷涂前未粘尘扣2分	
				粘尘方法不正确扣2分	
				未调整出漆量或调整不正确扣2分	

考核时间	序号	项　　目	配分	评 分 标 准	得分
30min	2	底色漆过渡施工	14	未调整喷幅或调整不正确扣2分	
				未调整气压或调整不正确扣2分	
				未进行试枪或试枪方法不正确扣2分	
				闪干时间不足扣2分	
	3	清漆施工	8	未调整出漆量或调整不正确扣2分	
				未调整喷幅或调整不正确扣2分	
				未调整气压或调整不正确扣2分	
				闪干时间不足扣2分	
	4	面漆效果	48	有修补痕迹扣1～20分,酌情扣分	
				底色漆发花扣1～10分	
				清漆流挂扣1～10分	
	5	5S管理	12	打磨完毕后,物品未复位、台面未清洁扣1～12分	
		合计分数	100		

项目九　颜色检索与微调

一、项目说明

1. 概述

汽车漆的颜色通常由多种不同颜色的色母相互混合调配而成,且汽车在日常使用过程中,随着漆面老化、褪色等问题,汽车漆颜色也在不断地变化。这对从事汽车修补漆作业人员在颜色调配方面提出了高要求。从理论上来说,修补调色能达到与原厂漆颜色完全一致,但在实际操作中却存在一定的难度,涂料原材料不同、生产批次不同、操作人员不同、施工条件不同等都会造成颜色的差异。但调配后的颜色必须与原厂漆颜色要达到一定接近程度才可通过喷涂技术来达到最佳的匹配度。

调色是一种综合性的技能,它不仅要求作业者的眼睛要有敏锐的色感及辨色能力,更重要的是,根据你所看到现象,运用所学的颜色知识,选出正确的色母,完成调色工作。所以,要成为一个合格的调漆工作者,必须要掌握颜色的基本理论知识、调色的基本规律和技能。

2. 颜色基础理论

1) 影响颜色的三个要素

人们要感知到颜色,必须要具备三个要素:即光源、观察者(眼睛)和物体,换言之,这也是我们看到和分辨出颜色必不可少的条件,缺一不可。

(1) 光源。俗话说没有光就没有颜色,光源一般指的是发光体,常见的主要有太阳光、白炽灯、荧光灯等。太阳光是调色过程用到的最佳光源,其包含了所有的可见光,它是衡量其他光源的标准。通常车辆颜色多数情况下是在太阳光光线下被看到,所以在调色时应在太阳光的光线下进行颜色对比,尽量避免在雨天或阴天进行调色。由于每一天不同时段的光线都有强弱之分,建议在日出后 2h 或日落前 2h 之间进行调色作业。有条件的话也可使用专用的配色灯箱进行调色对比,以便正确地辨别颜色差异。

　　通常钣喷车间内使用的光源多为白炽灯和荧光灯,白炽灯光带有更多的黄光、橙光和红光,而荧光灯带有紫光和红光,在这些光源下进行颜色对比时会造成颜色调配不准确。

　　当一束白光通过三棱镜后会形成红、橙、黄、绿、青、蓝、紫的有色光带,这便是光谱,颜色从紫到红。人类的眼睛能看到光谱中波长为 380～780nm 的光线,我们常称其为可见光谱。

　　(2)眼睛。人眼具有三种神经纤维:感红、感绿和感蓝,并由此合成多种色感,据有关数据表明,人的眼睛能辨别出 1000 万种颜色。视觉正常的人,可以用红、绿、蓝三原色光混合匹配出光谱上的各种颜色。但每个人的眼睛对颜色的感受灵敏度都有差别。同样一个颜色,有些人感受到颜色会偏红,还有些会偏蓝。随着年龄的增长,眼睛的倦怠与病痛会影响人的色感。

　　有色觉缺陷的人不能分辨颜色,如色盲、色弱,均不适宜从事调色工作。据有关数据表明,女性从事调色工作较多,主要由于女性色盲的患病率低,且女性对颜色的辨认度比男性更加敏感。

　　(3)物体。物体是观察的对象,当光源照射到物体表面上时,物体对照射到其表面的光线有反射、吸收、透射三种反应,将不同频率或波长反射到人眼睛。当我们看到一个有颜色的物体时,实际上是除了这种颜色外,这个物体将其他所有的光都吸收了,简单地说,物体的颜色就是其反射光线色。例如:当我们看到的物体是黑色时,说明该物体将所有的光吸收了;反之,当该物体反射了所有的光时,我们看到的是白色;当所有的光都透过这个物体时,那我们看到的是无色的透明体。

　　2)颜色的三个属性

　　通常,人们按照自身视觉感受来描述某一个颜色,经常听到这样的描述:宝石蓝、月光银、珍珠白等。但对于调色的描述,很难对该颜色有一个明确的定义,而且容易与其他颜色混淆。为了确定一个颜色,减少调色时混淆,用三个颜色属性特性来描述一个颜色,即色相、明度、彩度。

(1)色相。色相也称为色调,是指色彩的相貌,也是区别色彩的名称或色彩的种类,而色相与色彩的明暗无关。这一个特性使我们可将物体描述为红色、橙色、黄色、绿色、蓝色、紫色,色彩中最基本的颜色是红色、黄色、蓝色(颜色混合原理),它们也称为"三原色"或"三基色"。三原色无法通过其他颜色混合而获得,而其他颜色都可以用这三种颜色通过不同比例的混合而获得。在修补漆行业配色中,我们使用的是减色混合原理,通过减色混合,三原色可以产生次级色,次级色则可以再生三级色。

三原色

①次级色:由任意两个原色组成。

②三级色:由任意两个次级色混合组成。

将这些显著不同的色相相互排列可以组成一个色环。沿着色环的周边每向前一步,色相都会产生变化。

③互补色:在色环中,两个相互对应的颜色称为互补色。如果互补色相加,将减弱对方颜色,使其变灰、变黑。

由以上多图可知,当混合的基色

越多,颜色就变得更深更浑浊。当三原色等量相加后则会变为黑色。

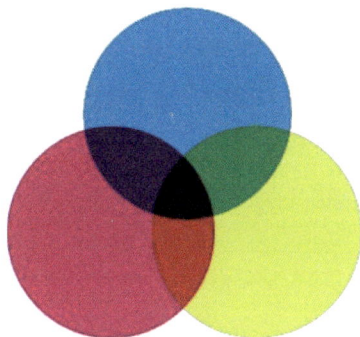

红 + 黄 + 蓝 = 黑

(2)明度。明度是指色彩的明暗深浅程度,明度的深浅,要看其接近白色或灰色的程度而定。越接近白色明度越高,越接近灰色或黑色,其明度越低。它的定义为反射光的总量与入射光的总量之比。

浅　　明度　　深

(3)彩度。彩度是指颜色的鲜艳程度,也称为色彩的饱和度。比较彩度一般需要在同一色相和明度的颜色下比较。彩度常用高、低、鲜艳、浑浊来描述,彩度越高,色越纯,越艳;彩度越低,色越涩,越浊。

高　　彩度　　低

3.汽车颜色检索与获取

目前,汽车修补漆颜色获取的方法有很多,常见的有盲调(凭经验)、色卡对比法、查找原车涂料颜色编号及使用测色仪辨别原车颜色等。

1)盲调

该调配方法在市面小规模的调漆店最为常见,为汽车修补漆调漆最高境界,就是依据配色规律和长期积累的经验,识别出原车颜色是由哪种主色和哪几种副色组成,配比大约是多少,操作者应具备丰富的调色经验。但是,通常这种调配出来的漆色匹配度一般不高,容易出现同色异构现象。该方法一般用于对涂装质量要求不高的车身部位。

2)色卡对比法

色卡对比法是使用专用比色色卡组与原车颜色进行反复对比,找出与原车颜色最接近的色卡。特别要注意,比色时必须在光线充足的地方或标准的光源下进行。同时,为了避免因色卡与车身比色区域的面积大小不同而产生的视觉误差,可将原车的比色区域遮盖,留出一块与色卡面积相同的缺口。

3)查找原车涂料颜色编码

查找汽车铭牌上的色号,通过涂料供应厂商的配方光盘或网络在线查色以获取原车的颜色配方。大部分乘用车车身都印制有一个颜色编号的漆码,通过漆码可以获得原厂漆颜色。通过涂料供应厂家提供的原厂色配方以减小修补色与原车色的差别。

4)测色仪辨别原车颜色

测色仪是专门分析车身涂层颜色的电子装置,主要由光源、单色器、积分球、光电桥检测器及数据处理器等组成,可以测出涂层的光谱反射率曲线,通过库贝尔卡–芒克配色理论计算出涂层颜色的三刺激值(色调、饱和度、明度),再由计算机配色软件进行配色。

4.调色流程

作为汽车修补漆工艺中最难的调色作业,为使调配后的颜色尽可能地接近原车,作业时,必须规范操作,严格遵守调色时各个注意事项。下图为调色作业时的基本流程图。

```
          ┌─────────────────┐
          │ 一、确定原车颜色 │
          └─────────────────┘
    ┌──────────┬──────────┬──────────┐
┌────────┐ ┌──────────┐ ┌────────┐
│查找车身│ │测色仪检测│ │色卡对比│
│颜色代码│ │          │ │        │
└────────┘ └──────────┘ └────────┘
          ┌─────────────────┐
          │ 二、获得初始配方 │
          └─────────────────┘
    ┌──────────┐      ┌──────────┐
    │ 准备色母 │      │ 计量称重 │
    └──────────┘      └──────────┘
          ┌─────────────────┐
          │ 三、喷涂样板      │
          └─────────────────┘
          ┌─────────────────┐
          │ 四、对比颜色      │
          └─────────────────┘
          ┌─────────────────┐
          │ 五、颜色微调      │
          └─────────────────┘
```

1)步骤一:确定原车配方

在实际调色过程中,根据车漆不同情况选择不同的配方查找方法,通常待修补车辆还是原厂漆时,可用查找车身颜色代码来确定初始配方,更为准确;如汽车漆已经有过修补或找不到颜色代码,便可用色卡对比找出最接近的色卡颜色来确定初始配方,较为便捷;当无法用前两种方法获得初始配方的时候,便可用测色仪检测以获得初始配方。

2)步骤二:获得初始配方

(1)车身颜色代码。可在涂料供

应厂家的官方网站或通过供应商的配方光盘查询(即输入车色代号、汽车生产商、生产年份、车型等信息)便可快速地找到修补车辆的颜色配方。以此配方作为起点,进行颜色微调,可以节省很多时间。

(2)色卡。多数色卡都有编号,可直接在涂料供应厂家提供的软件中输入即可获得颜色配方;部分涂料品牌在色卡背面就写有配方。

3)步骤三:喷涂试板

喷涂试板非常重要,可大大降低颜色的不准确性。金属漆在干、湿两种状态下会存在颜色不一致的现象,水性漆变化更大,不同的设备、不同的施工工艺都会造成颜色不一致,故需按标准工艺喷涂试板,因此要在试板干燥的情况下进行比色;相较金属漆,素色漆不存在正/侧面的变化,且喷涂工艺对颜色影响不大,可通过试板施涂的方法进行比色。通常金属漆干燥后颜色会变浅;素色漆干燥后颜色会变深。在制作试板和喷涂试板时要注意以下几点。

①试板的面积大小合适,通常尺寸是 10cm×15cm。

②喷涂试板时,应采用不同的喷涂方法,以衡量能否通过调整喷涂手法使颜色相匹配,但必须保证喷涂车身能够采用同样的喷涂手法,即喷涂试板的手法与喷涂车身的喷涂条件必须保证一致,喷涂工具也必须一致。

4)步骤四:对比颜色

将喷好的试板干燥后与车身做比较,颜色符合就可施工,颜色不符合就要进行微调,对色时要注意以下几点。

①将汽车停在光线充足的地方下进行比色,避免出现条件等色,一般在实际调色中通常在厂房内和厂房外两个地方比色。色差的判断以第一眼感觉为主,避免长时间观察,容易影响判断。

②观察颜色的角度将影响比色和调色的精确度。比色时,应从多个角度观察,从正、侧面分析颜色是否一致。微调时,正、侧面只能保证某一面颜色一致的情况,应尽量选择侧面的颜色一致。

③比色时,充分考虑修补区域老化、失光、氧化的因素。一般先将比色区进行抛光以还原车漆初始颜色后,再进行比色。

比色工序在微调前非常的重要,只有在比色过程中准确地发现配方板与车身颜色的差别,才可为微调提供依据。比如:以下列两块样板为例,其中目标板表示汽车车身的颜色,配方板表示配方查询到的颜色。根据颜色的三个属性分别对比两块色板在色调、明度、彩度上的差异,如金属漆还需从正面、侧面观察三个属性的变化及金属颗粒是否一致。而素色漆通常不考虑正、侧面的变化。

色调方面,通常可以用偏红、偏橙、偏黄、偏绿、偏蓝、偏紫,来描述两个色板之间的差异。如上图两个色板,目标板比配方板更蓝、偏蓝。通常一个颜色只偏向色环中相邻的两个色相。如红色,偏橙或偏紫;黄色,偏橙或偏绿。但对于像白色、黑色、白银等无彩色,在色调上可以偏向任何一个颜色,故在调色过程中这些颜色最难调。

明度上,通常可用"更深""浅""明度高""明度低"来描述两块色板之间的差异。如上图两个色板:目标板比配方板更深,明度低。

彩度上,通常可用鲜艳、浑浊、干净、脏,来描述两块色板之间的差异。如上图两个色板:目标板比配方板浑浊。

为方便微调,我们可以用表格来记录观察的结果。

素色漆比色观察记录表

颜色编号	××××				

观察:比较配方颜色与车身颜色
目标板比配方板:
色相:偏蓝(偏红、偏紫、偏绿、偏橙、偏黄)
明度:明度高(明度低)
彩度:浑浊(鲜艳)

色母代号	给予配方0.1L	试验配方1	试验配方2	试验配方3	最终配方
色母1					
色母2					
色母3					
色母4					

金属漆观察记录表

颜色编号	××××				

正面观察:比较配方颜色与车身颜色
目标板比配方板:
色相:偏蓝(偏红、偏紫、偏绿、偏橙、偏黄)　　明度:明度高(明度低)
彩度:浑浊(鲜艳)　　颗粒:颗粒大(颗粒小、相似)

侧面观察:比较配方颜色与车身颜色
目标板比配方板:
色相:偏蓝(偏红、偏紫、偏绿、偏橙、偏黄)　　明度:明度高(明度低)
彩度:浑浊(鲜艳)　　颗粒:颗粒大(颗粒小、相似)

色母代号	给予配方0.1L	试验配方1	试验配方2	试验配方3	最终配方
色母1					
色母2					
色母3					
色母4					

5)步骤五:颜色微调
在确定两块色板之间的差异后,便可进行微调。通常有两种微调的方法:减量法和加量法。

减量法:根据初始原配方,减去配方中某些色母的质量进行颜色调整。

加量法:根据初始配方,向涂料中添加所需的色母进行颜色调整。

当配方板比目标板更深、更浑浊时,可采用减量法进行微调;反之,当配方板比目标板更深、更浑浊时,可采用加量法进行微调。

如上图两个色板,需采用加量法进行微调。目标板缺什么就加什么,先调整三个属性中最明显的色调属性,需添加蓝色色母。当蓝色色母添加后,不但改变了色调,彩度和明度也会作相应的变化,再进行试板喷涂、比色、微调循环作业,直至颜色接近。

二、技术标准与要求

(1)正确选择及穿戴安全防护用品;

(2)正确检索初始配方;

(3)正确计量色母;

(4)正确喷涂试板并进行比色;

(5)查看色母挂图并合理添加色母;

(6)正确选择喷枪;

(7)底色漆调配比例正确,清漆调配比例正确;

(8)正确处理废弃物;

(9)安全操作。

三、实训时间

实训时间:40min。

四、实训教学目标

(1)了解颜色理论的相关知识;

(2)了解颜色微调的流程;

(3)掌握利用不同工具获取汽车颜色的方法;

(4)掌握试板喷涂的要求与技能;

(5)掌握素色漆及简单金属漆颜色微调的技能。

五、实训器材

电子秤

试板干燥箱

烤房

空气压缩机

标准光源灯箱

吹风筒

喷枪

测色仪

防护用品

色母

调漆杯

色母挂图

六、教学组织

1.教学组织形式

实训教师 1 名,学生 16 名,4 个工位。每个工位 4 名学生实训,一位学生操作,其他学生观察,记录。

2.学生站位分工和要求

学生按规定的工位站立,按教师的指令进行独立的操作。

3.实训教师职责

安排学生工位,讲解操作步骤和注意事项;下达"操作开始"口令;工位巡视(检查、指导和纠正错误)。

4.学生职责

认真完成教师布置的任务;做好课后清洁、整理工作。

七、操作步骤

操作前准备

参训学生穿好喷漆服、安全鞋,将操作时用到的材料与工具整齐的摆放在操作台上,并以跨立的姿势等待老师下达"操作口令"。

！提示

上实训课必须课前穿好实训服及

安全鞋,做好操作前准备,有利于安全操作和提高工作效率。

步骤一　颜色获取

1 清洁目标板。

!提示

(1)调色前,必须清洁目标板,以还原颜色的真实度。

(2)实际调色时,遇漆面有老化现象时,须要对漆面进行抛光作业,恢复其原始颜色与光泽后,再进行调色。

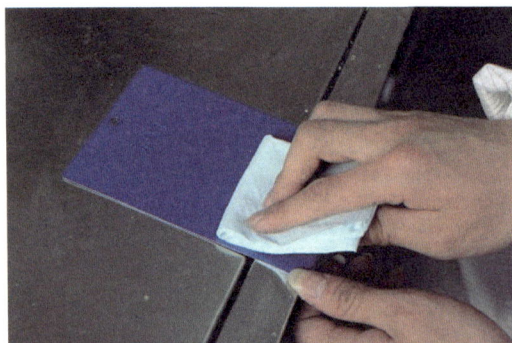

2 用测色仪进行检测。

!提示

(1)根据测色仪的使用说明,先进行校准,后进行测色。

(2)在目标板上选取 5 个点进行测色,以提高颜色的准确度。

3 读取颜色信息。

!提示

将测色仪连接计算机后,通过供应商的配方光盘,读取目标板的差异配方。

4 记录差异色配方。

!提示

(1)选择颜色最接近(ΔE 值最小)的配方并作记录。

(2)配方: 8916　　　50g

　　　　　 8985　　　17.7g

　　　　　 8957　　　12g

8902　　8.2g
8920　　2.6g
8991　　2.3g

5 准备色母。

提示

根据差异配方信息，找出色母。

6 将色母整齐地摆放在调漆操作台上。

步骤二　根据配方倒漆

1 穿戴防护用品。

提示

技术标准与要求详见项目一。

2 将调漆杯放置电子秤上。

提示

（1）注意电子秤平稳摆放。
（2）保持电子秤清洁。

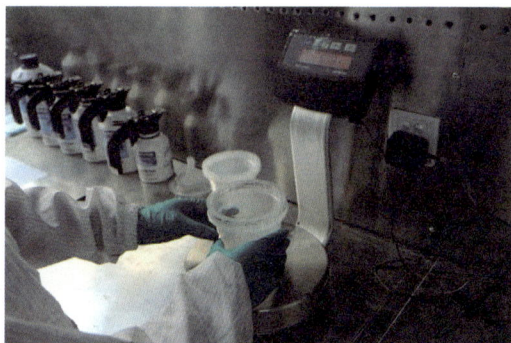

3 根据所查配方量将各色母倒入调漆杯中。

提示

（1）倒漆前，须左右轻晃几下即可。

（2）每次倒漆后，需清洁浆盖嘴，以方便下次使用。

4 用调漆尺将色漆搅拌均匀。

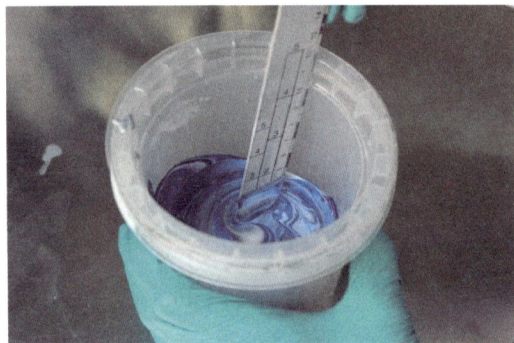

步骤三　喷涂配方试板

1 倒出适量的底色漆喷涂差异板。

💡 **提示**

（1）由于水性漆干、湿颜色差异变

化较大，故需喷涂试板进行比色。

（2）此板喷涂后，便是测色仪所检测出的颜色。

2 按规定比例倒入稀释剂。

3 用调漆尺将底色漆搅拌均匀。

4 装上喷枪。

　　喷涂水性漆时,请选用专用水性漆喷枪。

5 调配适量的清漆。

　　详见面漆喷涂作业中,清漆的调配。

6 将喷涂试板贴在底板上。

　　水性漆用喷涂试板应使用喷涂环氧底漆、中涂底漆的铝板或防水卡纸(本操作使用的是防水卡纸)。

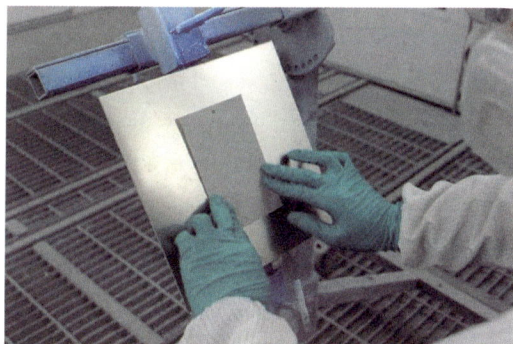

7 调整喷枪出漆量、喷幅、气压三个参数。

　　各调整参数与修补喷涂时一致,详见项目六面漆喷涂时,喷枪的调节。

8 做喷幅测试。

9 喷涂试板,喷涂第一层底色漆。

🔔**提示**

要求、方法与修补喷涂一致,详见面漆喷涂。

10 第一层底色漆喷涂后的效果。

11 用吹风筒将底色漆吹干。

12 吹干后的效果。

13 喷涂试板,喷涂第二层底色漆。

🔔**提示**

要求、方法与修补喷涂一致,详见面漆喷涂。

14 第二层底色漆喷涂后的效果。

15 用吹风筒将底色漆吹干。

16 吹干后的效果。

17 喷涂效果层，重新调整喷枪。

提示

　　要求、方法与修补喷涂一致，详见项目六面漆喷涂。

18 喷涂试板，喷涂第三层（效果层）。

提示

　　要求、方法与修补喷涂一致，详见面漆喷涂。

19 喷涂效果层后的效果。

20 喷涂清漆，调整喷枪。

提示

　　要求、方法与修补喷涂一致，详见修补喷涂。

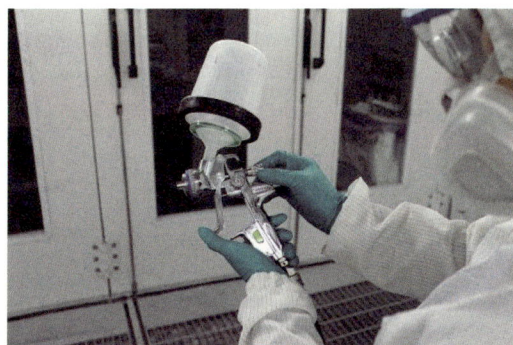

21 喷涂清漆。

💡 **提示**

（1）待底色漆完全闪干后，便可喷涂清漆。

（2）要求、方法与修补喷涂一致，详见修补喷涂。

22 喷涂清漆后的效果。

23 取下差异色样板。

💡 **提示**

（1）喷涂试板的底板尺寸不得小于30cm×40cm。

（2）喷涂试板所用的喷涂工具与修补时相同，这样可以避免因工具不同而造成颜色不一致。

（3）喷涂试板的工艺、方法与修补时相同，这样可以避免由操作工艺不同而产生颜色不一致。金属漆干喷、湿喷容易造成颜色深、浅不一致。

（4）将喷涂试板贴置于底板中间位置，喷涂整个底板，以底板中间试板的颜色进行比色，最为准确。

24 将喷涂后差异色板放置于干燥箱进行强制干燥。

步骤四　配方板与目标板颜色对比

1 待配方板干燥后，即可与目标板进行对比。

⚠️ **提示**

（1）尽量在自然光下进行比色。

（2）如操作车间光线不佳，可到室外进行比色；如在室内，应背对光源，让光线照射在试板上比色。

（3）比色时，建议两块色板不要重叠，也不要分得太开，以免影响颜色观察。

（4）对比两块色板时，要求观察距离、角度必须一致，以免角度、距离不一致而影响判断。

（5）金属漆在对色时，需分别从正面、侧面观察差异板与标准板在色调、彩度、明度和金属颗粒上的变化。

2 如室内与室外光线都不佳，可借助标准光源灯箱内 D65 光源进行对色。

⚠️ **提示**

（1）本实操差异板与标准板比色后结果如下。

①正面。

色调：目标板比配方板更蓝、更绿。

明度：目标板比配方板更深。

彩度：目标板比配方板更艳。

颗粒：目标板与配方板相似。

②侧面。

色调：目标板比配方板更蓝、更绿。

明度：目标板比配方板更深。

彩度：目标板比配方板更艳。

颗粒：目标板与配方板相似。

（2）通过对比后发现，目标板与配方板在色调上变化较明显，故先调整色调，调整后再查看明度、彩度上的变化，再进一步调整。

色调方面分析：需添加蓝色色母，同时在添加蓝色色母后，在明度、彩度上都会有一定程度的变化，颗粒不变。

标准板　　　差异板

步骤五　颜色微调

1 查看色母挂图。

!提示

（1）在进行微调前需充分利用涂料供应商提供的色母特性图，查看配方中各色母的属性。经查看配方中各色母特性如下：

8916：蓝色色母，正面偏紫，侧面偏绿；

8985：银粉，正面深，侧面浅；

8957：蓝色色母，正面偏绿，侧面偏绿；

8902：白色色母，正面暗，侧面浅；

8920：紫色，正面紫，侧面黄；

8991：空色剂，正面深，侧面浅。

注：正/侧面的变化，通常指该色母添加到银粉漆或珍珠漆中后，会使该银粉漆或珍珠漆在正、侧面的色相、明度、彩度上发生变化。

（2）通过步骤四对色分析，判定先添加蓝色色母。通过步骤二得知，在此配方中有两个蓝色色母，分别是8916、8957。再通过色母特性图查看两个色母在色环中的位置，确定添加8957。

蓝色
银粉/珍珠漆微调指南

正面　　　　　　　　　　　侧面

PP64
8921
8920 8935
8930
8911
8916
8957
8953
PP07
PP63
PP66
8954 8952 8975
PP65

PP65
8921
8935
8920
8900
8953
PP63 8957
PP07 8911
8916
8954 8952
PP64

侧面变化
8972 更浅/半侧面更粗
8900 更浅/灰蓝
8905 更浅/灰黄
8907 更深/更脏/更红
8972 更浅/干净、黄

银粉色母特性表

暗　　　　　　　　亮

粗
8989
8993
8988
8981

正面 8992 8985 8987 8986* 8988* 8993* 8989 8981*

8986
8987
8985
8992

侧面 8989 8993* 8981* 8988* 8986* 8987 8992 8985

细

* 表示抛光银粉

2 添加微调色母。

⚠ 提示

（1）通过比色，确定标准板与差异板的差异，然后通过各色母的特性图，了解各个色母的特性，判定需添加色母8957。

（2）根据标准板与差异板的差异程度，预添加20%原配方中8957的量。

（3）尽量在配方内选择色母进行微调，以免出现条件等色。

3 记录添加量，以统计出微调后配方。

4 按比例添加稀释剂。

5 装上喷枪。

步骤六　颜色微调后再次喷涂试板

1 将喷涂试板贴在底板上。

2 喷枪调整。

⚠ **提示**

与步骤三相同。

4 取下试板,放入干燥箱干燥。

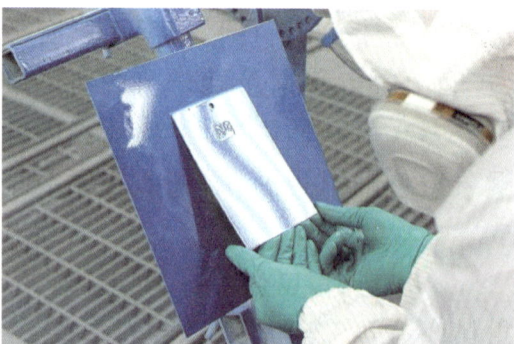

3 颜色微调后再次喷涂试板。

⚠ **提示**

与步骤三相同。

步骤七　微调后差异板与标准板对比

1 对比颜色微调后的差异板。

🔴 **提示**

（1）对比时,方法、要求与步骤四相同。

（2）对比颜色微调后的差异板与目标板,查看颜色微调后的板是否比未颜色微调的配方板更接近标准板。由于没有添加银粉,故在步骤四对色的基础上,不需要考虑银粉的颗粒,只需考虑色调、明度、彩度三个属性。

（3）通过对比发现,颜色微调后的差异板比未颜色微调的差异板更接近目标板,故可判定,添加 8975 是正确的。加入 8957 后,正/侧面观察,不仅在色调上变动更蓝、明度上有加深、彩度变得更艳。

（4）如发现在色调上接近后,在明度、彩度上还存在一定差异,那就要考虑添加银粉、黑色色母来调整深浅。

（5）重复步骤四至步骤六直至颜色调整接近为止。

标准板　　差异板1　　差异板2

2 整理操作工位。

🔴 **提示**

操作结束后,需及时清洁操作台面,以方便下位同学练习。

八、考核标准

调漆考核评分表(满分100分)

姓名_____   完成时间_____

考核时间	序号	项　　目	配分	评 分 标 准	得分
50min	1	安全防护	12	未按要求穿工作服(喷漆服)扣2分	
				未按要求穿安全鞋扣2分	
				未按要求戴防毒口罩扣2分	
				未按要求戴防护眼镜扣2分	
				未按要求戴工作帽扣2分	
				未按要求戴抗溶剂手套扣2分	
	2	调配过程	30	颜色索取不正确扣3分	
				计量色母不正确扣3分	
				电子秤操作结束后未及时关闭扣3分	
				水性漆进行干、湿对色;油性漆未打试板前进行干、湿对色扣3分	
				喷涂试板前未调整喷枪扣3分	
				喷涂试板方法不正确扣3分	
				未在干燥后进行对色扣3分	
				未在多种光源下进行对色扣3分	
				比色方法不正确扣3分	
				未记录添加到色母扣3分	
	3	调配后效果	50	色母选择不正确扣10分	
				样板缺陷扣10分	

续上表

考核时间	序号	项　　目	配分	评 分 标 准	得分
50min	3	调配后效果	50	测色仪测 $\Delta E2.0$ 以下扣 5 分,测色仪测 $\Delta E2.0 \sim 4.0$ 扣 15 分,测色仪测 $\Delta E4.0 \sim 6.0$ 扣 25 分,测色仪测 $\Delta E6.0 \sim 8.0$ 扣 35 分,测色仪测 $\Delta E8.0$ 以下扣 40 分	
	4	5S 管理	8	调配完毕后,物品未复位、台面未清洁扣 1~8 分	
合计分数			100		